体育教师专业发展丛书

评课的门道

PINGKE DE MENDAO

于素梅 著

教育科学出版社
·北京·

出版人　李　东
责任编辑　欧阳国焰
版式设计　徐丛巍　杨玲玲
责任校对　贾静芳
责任印制　叶小峰

图书在版编目（CIP）数据

评课的门道/于素梅著.—北京：教育科学出版社，2019.9（2023.9 重印）
（体育教师专业发展丛书）
ISBN 978-7-5191-1939-3

Ⅰ.①评…　Ⅱ.①于…　Ⅲ.①体育课—课堂教学—教学评估—中小学　Ⅳ.①G633.962

中国版本图书馆 CIP 数据核字（2019）第 172170 号

体育教师专业发展丛书
评课的门道
PINGKE DE MENDAO

出版发行	教育科学出版社		
社　　址	北京·朝阳区安慧北里安园甲 9 号	**市场部电话**	010-64989009
邮　　编	100101	**编辑部电话**	010-64989527
传　　真	010-64891796	**网　　址**	http://www.esph.com.cn
经　　销	各地新华书店		
制　　作	北京金奥都图文制作中心		
印　　刷	保定市中画美凯印刷有限公司		
开　　本	720 毫米×1020 毫米　1/16	**版　　次**	2019 年 9 月第 1 版
印　　张	15	**印　　次**	2023 年 9 月第 6 次印刷
字　　数	200 千	**定　　价**	45.00 元

序

于素梅研究员的《评课的门道》书稿放在了我的面前，我一边赞叹她写书之快，也在惆怅疑惑关于体育课的纷扰、问题、争论、路数，当然也包括各种正确和不正确的“门道”怎么这么多呀！按说，体育课就是一堂课，为什么会变得如此复杂呢？这是因为体育课程是极具特殊性的课程，体育课堂是极具特殊性的课堂。

第一，社会对体育的期待是多样和多变的，体育课承载着不同时代、不同理论、不同意识形态、不同领导的不同的期待和要求，教育、健康、文化、奥运、卫生、生活、余暇、快乐、人格、卫国、劳动都是体育课义不容辞的责任。第二，体育课不像语文课、数学课那样明确、简明、齐整，有很强的顺序性和递进性，内容体系具有逻辑性，至少在当代中国，体育教学内容一直还是一个庞杂甚至有些混乱的内容体系。第三，体育课的教师并不是所有“体育”项目的专家和擅长者（健美操好的教师可能踢不好足球，篮球好的教师可能武术很差，更有一些只是跑得快、跳得远，但所有大球小球都不怎么擅长的教师），这在语文、数学的教学情境中是无论如何不可想象的事情。第四，体育课堂面临着一个比语文、数学课堂要复杂得多的“教学环境”，运动安全、场地布置、大小器材、气候天气、季节因素、运动负荷、身体差异、开放空间、学生交流、对下节文化课的考虑等，其组织工作要比语文、数学难上几倍，甚至几十倍。第五，体育课往往得不到社会和家长的重视，没有多少人会反对多上点语文课、数学课，也没有多少家长会容忍某个学校少上了语文课、数学课，更没有多少家长会容忍学生在语文课、数学课上什么都没有学会，但是同样，没多少家长会强烈反对少上了体育课，更没有多少家长会强烈抗议学生在体育课上什么技能都没有学会……

这就是极为特殊的体育课，因此，有着多样的学生发展目标、有着庞杂混乱的教学内容、有着不清晰的教材逻辑、有着复杂的教学要求和教学环境、有着背后“冷冷的”社会眼光的体育课堂，必定也是一种难以准确和科学评价的社会现象和教育行为。我想这也是于素梅研究员殚精竭虑去写《评课的门道》的内在动机吧。

“评课”是一个需要认真做的工作。但不可否认的是，当前的许多评课活动依然存在着为评而评、为名而评、因人而评的现象，甚至为挣钱而评的现象也依然存在，办得很热闹的评课多，去看热闹的体育教师也多，不少教师看完评课，依然没有从评课中看到学理、教程、教法、学法，依然没有在头脑中真正建立起对“好课”的评价标准，好像“评”和“被评”是永恒的主题，而对“体育课的评价标准”和“体育课的评价依据”的思考和讨论，以及必不可少的争论却似乎被永恒地忽略着，我想，这可能也是于素梅研究员《评课的门道》想要提醒大家的一件事情吧。

评课和看评课要入门道，思想里一定要有正确的体育课程教学观念。如果体育的教育观念歪了，那么坏课就可能被评成好课，好课就可能被评成坏课，我们在这方面的教训并不算少。

评课和看评课要入门道，也一定要有绝不放过发现现象背后的本质的敏锐眼光。如果没有敏锐的眼光，那么在体育教学中的那些瞬息万变的“闪光”和“败笔”就会滑过和被忽略掉。

评课和看评课要入门道，胸中还要有一颗谦虚的心。如果一个人不能谦虚好学，那么他心中的“自我放大”就会把别人认真琢磨出来的好经验看得一钱不值，这样的老师虽一时洋洋得意，但却一生不再进步。

评课和看评课要入门道，看课要看出门道，还必须要在心中有一面照见体育教师这一职业的镜子，要知道好的体育教师应该是什么样子的，还要知道体育教师的职业局限在哪里，知道学生喜欢什么样的体育教师。

……

评课和看评课要入门道，还需要很多条件。比如必须有对教学环境的敏感、对教学安全的敏锐、对教师仪表的审视、对天气与运动的理解、对个体差异的关心、对学生心理的体察、对身体疲劳的体会、对学生群体的了解、对学生思维的把握、对学生情绪的把控……这都需要体育教师的认真思考，认真的思考则来自对教育工作的忠诚，忠诚来自对教师职业的热爱，对教师职业的热爱则来自责任心，责任心必来自良心，而良心则来自一个人的“三观”！

我想，这才是我们能评好体育课、评清楚体育课的最大的门道，这一定也是于素梅研究员《评课的门道》一书最终所想告诉我们的“核心内容”吧！

再次祝贺《评课的门道》的出版。

全国学校体育联盟（教学改革）主席
北京师范大学博士生导师、教授

二〇一九年五月于上海锦江都城

前　言

体育教师提高教育教学水平，加强专业发展至关重要，其中掌握“备课”“上课”“看课”“评课”“说课”这“五课”的技能是基本要求。同时，这“五课”又是新课程改革以来，各地乃至全国体育教师基本功大赛、教学观摩展示活动、教师资格考试、教师招聘、教师教研等各级各类活动的重要内容和形式。然而，目前体育教师专业发展理论与实践相结合的专业论著尚不多见。经调查获悉，很多教师十分迫切需要得到这些方面的理论与实践指导。为此，笔者经过长期研究，设计并创作了有利于有效促进体育教师专业发展的系列论著，包括《备课的门道》《上课的门道》《看课的门道》《评课的门道》《说课的门道》。希望它们能够成为广大一线教师的良师益友，为体育教师成长与发展提供一些理论指导与方法借鉴，同时也希望能够为致力于体育教学及教师专业发展研究的研究者提供一定的参考。

“备课”，关键在于准确设计。体育教师对备课并不陌生，几乎每天与备课打交道。但是，从笔者当前所了解到的备课的现状看，体育教师对备课与教学设计、教案的关系问题的认识存在一定的模糊现象。尤其是如何将课备得更加准确、合理，备得更加充分，从而有利于教师在上课的时候从容应对。就这点来看，目前的备课环节还有一定的提升空间。基于此，本丛书也在“备课”如何准确设计、规范撰写上下了一些功夫。

“上课”，关键在于有效把握。就“上课”而言，有的教师能上但不会上；有的教师仅仅把事先写好的教案在课堂上演示一遍，课堂上新生成的东西不能灵活把握；还有的教师仅仅只顾教，而忽略了学生的学。尤其是新课程改革提倡培养学生的自主、合作、探究学习的能力，教师该如何在课堂上有效掌握并运用自主、合作、探究方式培养学生的学习能力，使其掌握有效的学习方法呢？基于此，为了提高体育教学的有效性，把握好上课的门道至关重要。

“看课”，关键在于观察记录。无论是新任教师还是具有多年教学经历或积累了丰富教学实践经验的教师，“看课”都是其应掌握的基本技能之一。通过看课不但能够直接学习他人的教学经验，而且还能从中发现在上课的时候难以发现或感觉不到的问题。因此，“看课”已逐渐成为体育教师专业发展和教育教学能力提升的助推器。然而，不同的人或许有着不同的看课方法，那么，什么样的方法最有效？看课时的观察和记录该如何把握？常言说得好：会看的看门道，不会看的看热闹。掌握了看课的门道，不但在看课过程中能够有更多的收获，而且对评课或更好地上好课都将起到一定的促进作用。

“评课”，关键在于多元视角。“评课”又分评说与评分，其中的评说是通过语言交流表达自己看到的、听到的、想到的等。评分通常用于评优活动中，以量化打分的方式呈现。就以语言交流方式进行的评课而言，大家有一种习惯，很多人都是从评优点、提缺点和提改进建议三个方面展开的。假如是一次集体的评课活动，采用这样的评课方式，往往会出现这样的尴尬情景：先评者滔滔不绝，后评者无话可说。因此，难以调动更多人评课的积极性。实际上，评课的方式有很多，可以从多个视角去评。如从归纳课的特点来评；按课的教学步骤一个部分接一个部分地评；还可以从看课后得到的启发来评；等等。因此，掌握评课的门道对于拓展评课的思路与方法、提高评课能力等，都十分必要。

“说课”，关键在于清晰表达。“说课”重点要说清楚课是如何设计的，将如何上。“说课”尽管不像备课、上课那样日常化，但是，说什么、怎么说等依然是体育教师应具备的专业技能之一。会说的，能够把握说课的节奏、内容和方法；不会说的，说了半天自己也没弄明白课为什么这么上而不那么上。由此可以看出，要想把课的设计和实施说明白，需要一定的技巧，尤其是应重点说什么、说课内容呈现的顺序等都是需要掌握的。为了能够提高教师说课的水平，本丛书就“说课的门道”也做了重点的分析和研究。

本书重点讨论“评课的门道”。评课既包含有声的点评，也包含无声的评分。点评以指出优缺点和提出改进策略为重点，带有研究的取向。而评分多以判断能力强弱和水平高低为主，是比优劣的评，带有评优的取向。

《评课的门道》一书既有对点评方法与策略的描述，也有对评分标准与方法的研究与阐释。基于两种方式的评课，笔者分别从不同的角度，用大量案例分析评课的门道在何处，如何把握评课的门道。

《评课的门道》共分三部分十五章。第一部分，重点从理论层面介绍体育教师定性点评课应把握的基本理论与方法。即从评课的常见现象、评课的若干视角、评课的基本原则、评课的基本标准四个方面（即四章内容）对评课进行了基本概述。第二部分，重点介绍了体育教师评课的实践方略，分别具体地阐释了如何进行评课，包括评教学问题的方略、评教学内容的方略、评教师示范的方略、评学习方式的方略、评课堂评价的方略、评场地器材的方略、评突发事件的方略、评安全防范的方略八章内容。第三部分，重点进行了典型案例分析。介绍了三种类型课的评课方法，三种类型的课分别选择了三个典型案例。其中，评优课通过一节立定跳远课重点介绍了按照“六性”标准评课的方法，重点是量化评分的方法，也包含定性的成分，以及如何评出客观性。常态课通过一节肩肘倒立课重点介绍了按照十项要求评课的方法，重点是较为具体地提出了如何上好常态课，如何评出规范性。研究课通过一节快速跑课重点介绍了按照研究专题评课的方法，以及如何评出启发性。

在本书创作过程中，笔者尽管已经尽心尽力，但由于水平所限，难免会有不够完善的地方。对评课理论与方法的研究，尤其是就评课问题的探讨还有待进一步深入。愿与广大读者和一线教师共同努力，为我国的体育教育事业发展多做贡献。

于素梅
中国教育科学研究院
2018 年 12 月 31 日

目 录

第一部分 体育教师评课——理论准备

第三部分 体育教师评课——课例分析

第一部分

体育教师评课——理论准备

体育教师评课无论从形式上还是从方法上都与看课有着本质的区别，但是，看课是评课的前提和保障，没有全面、深入、细致的看课，评课就是无源之水、无本之木。也就是说，看课能为有效评课打下良好基础。但是，仅仅有看课的理论准备还不够，要想评出水平和技巧，也要掌握评课的基本理论。本部分重点从评课的常见现象、评课的若干视角、评课的基本原则、评课的基本标准等方面阐述评课的基本理论。希望通过本部分的探讨，能够给广大评课者带来一定的理论借鉴，为其后续研究提供基础数据。

第一章　评课的常见现象

评课对于诸多学科来说，都是十分常见的活动。基于体育学科的特殊性，与其他学科相比，体育学科具有比较明显的评课特点。为了更好地提高评课活动的有效性，很有必要对当前评课过程中存在的若干现象进行剖析。笔者通过参加全国、省、市、区、学校等各级各类的评课活动了解到，目前，有一些评课现象需要引起大家的重视，具体问题有待进一步改善。本部分重点对较为突出的逻辑主线不明确、视角切入不独特、问题分析不深入、课堂细节不重视、好课标准不统一五种现象进行分析，旨在为更加客观、合理地对体育课做出评判提供一定的参考。

一、逻辑主线不明确现象

在评课活动中，要对一节课进行评判，无论该课是优秀还是一般，对其做出评判一定不可缺少逻辑主线，即围绕什么进行评课要十分清晰。否则，很容易出现乱评现象，即“一会儿说东，一会儿讲西”，或“一会儿谈天，一会儿论地”等，让听者感到杂乱无序。例如，一节八年级的“足球——脚背正面踢球”课，有位老师是这样评的：“这节课老师的教学语言非常精练，学生学习的积极性比较高，很多学生在比赛活动中奔跑拼抢比较积极，教学效果相对而言比较突出，器材的利用率比较高，但是收还器材学生的积极主动性不明显。”这一段评判，存在着一会儿说教师，一会儿说学生，又综合说效果，最后说到体育器材的使用和收还的问题。显然，这样的评课是缺乏逻辑主线的。表现出评课思路不够清晰的弊病，还容易出现遗漏或重复评现象。

关于评课的逻辑主线，实际上是很多元的。例如，以学生的学习效果为主线进行评课，可以围绕影响学生学习的内外部因素进行评说，如教材的选择问题、教学目标的设置问题、重难点的确定问题、场地器材的布置问题、方法手段的选用问题、教学技能的展现问题等，都是围绕效果来评。假如是以时间进程为主线，可以从开始部分、准备部分到基本部分，最后到结束部分，分段进行评说，优缺点也好，内容也罢，方法也可，都分别包含在课的对应部分。总之，评课逻辑主线应分明，思路应清晰，只有这样，评课才能达到应有的效果。

二、视角切入不独特现象

通过对大量评课活动的观摩，笔者发现大部分评课者都比较乐意采用优缺点式的评课方式，而且，大都先评优点，后评不足。无论对优点与不足是否有进一步的分析，这种评课方式是最常见的。然而，从优缺点这一视角进行评课缺乏新颖性，还往往表现出一定的局限性。如对课的真实感受或得到的启发有时就不知道该如何在评课活动中表达出来，尤其对于课中那些既未表现出明显是优点，也不能明确地归结为不足之处的部分，或属于课的特点的部分，就难以从优缺点的角度进行评说。因此，评课视角紧紧围绕优缺点开展的话，就会显得平淡和落于俗套，不容易显现出独特性、新颖性。听者也难以完全集中注意力并得到更多的启发。

然而，要想实现评课视角多元化，就要充分了解哪些方面可以作为评课的视角。多元视角各自所具有的优势和需要进一步完善的地方也要十分清晰。首先需要具有多元视角评课意识，即求变、求新的意识。其次，还要具有一定的能力，既包括洞察力，也包括归纳总结和表达能力。最后，具有创新意识和能力以后，才可以灵活把握评课的切入视角。如可以从“谈启发”的视角，将优缺点都融入其中；还可以从“谈感受”的视角，将优缺点融会贯通于感受之中。当然，还有更多的评课视角，如从“谈学习”的角度进行评课，即评课者从课中学到了什么，即便是课中出现的缺点，也可以换成“从这一现象中，我学到了……”等表达方式灵活评课。总之，评课视角最好能够独特，无论选择哪种视角，尤其是选择大家都不太熟悉的视角进行评课，往往能够达到意想不到的效果，会给听者带来更多的评课启迪。

三、问题分析不深入现象

在评课活动中，评课者对几乎所有的课都会指出尚需改进的问题。但一个较为普遍的现象是，很多人在指出是什么问题以后，对问题产生的根源分析深度不够，对问题带来的负面影响的分析也未足够重视。虽然有人会提及问题解决的策略，但是，由于问题的根源以及问题的影响未能得到深入分析，其策略往往都是泛泛而谈。究其原因，一方面是在看课环节，对真假问题的把握和区分还有待提高；另一方面，在深究问题的意识和能力上还有欠缺。例如，在评价一节课场地器材的使用情况上，或许有人会发现器材使用不当的现象，如篮球课上的间歇时间，少数学生坐在球上，有些老师视而不见，结果就会出现坐在球上的学生越来越多的现象。实际上，当老师看到学生坐在篮球上休息的时候，首先要能够确定这是一种不良行为，其次就要分析这是什么原因导致的。比如是老师对“如何爱护场地器材”的教育引导不到位，还是学生自身热爱场地器材意识不强、学生之间不能互相指出不足。另外，负面影响会扩散，一人坐、两人坐的时候，学生一看没有被老师制止，就会有更多的学生坐在篮球上休息、听讲，或观察老师的示范动作。假如有了这些分析，解决的策略显然可以更加具体化和更具有针对性。学生坐在球上的场景如图 1-1-1 所示。

图 1-1-1　练习间歇时间学生坐在篮球上休息

体育课上存在的问题有的较小，有的却很大，且影响性较高。因此，在评课活动中指出存在的问题时，一定要全面把握问题呈现形式，弄清问题的性质是什么，什么原因导致的这一问题，该问题不及时解决会带来哪些影响，如何减少该类问题的出现，等等。所以，即便是采用优缺点式的评课范式，对所存在问题的深入分析也是十分必要的。

四、课堂细节不重视现象

过去，在看评课的时候，关注细节的不是十分普遍。很多人会从教学目标的操作性、内容选择的适宜性、方法选用的合理性、场地器材布置的有效性等方面展开评说，而忽视对课堂教学细节的把握。如看完一节完整的体育课以后，有人说："这节课内容选择比较符合学生的年龄、性别特点；方法选用比较得当，取得了较好的教学效果。场地器材的布置也比较合理，避免了安全隐患等。"这种评课不能说存在什么突出的问题，但是，由于都是从大的教学要素进行的泛泛评说，而不是深入课堂细节，因此，这样的评课意义不大，而且等于在看课过程中未能把握住课的门道。当然，更没有体现出看课的门道。而门道存在何处？往往都体现在课堂细节之中。如从学生的掌声中我们听到了教学效果的真假，有的掌声来得很自然，而有的却显得很突然，即我们没想到有鼓掌的地方学生却鼓起了掌。当我们在分析教学效果的时候，单从学生的掌声中，我们就能区分出，哪些掌声是教师从学生那里要来的，哪些掌声是出于学生真实的心理应激反应。通过掌声的持久程度、鼓掌的原因、鼓掌的时机等，我们就能做出准确的判断。如一节课上，老师做示范之前，有一个较为明显的要掌声环节，即老师在做示范前说："同学们，下面老师给你们做个示范，如果示范动作做得好，希望大家给老师个掌声。"结果，老师刚做完示范，热烈的掌声就响起来了。实际上，通过观看和分析老师的示范，老师即便不向学生要掌声，学生也很有可能自然地鼓掌，因为老师的示范做得相当优美和标准。而要掌声是教师不自信的表现。

评课关注课堂细节，除了掌声，还可以观察学生的表情等，从表情变化中归纳总结出学生参与活动的积极性。

五、好课标准不统一现象

评课无论从哪个视角展开，都需要事先有一个好课的判断标准，否则，就难以确定哪些是优点，哪些是不足。但是，纵观若干评课活动，笔者了解到，当前，无论是正式评课，还是非正式评课，对什么是好课并没有统一的标准。甚至不同的专家对课的评判结果会存在明显差异，有的专家认为是比较好的课，有些专家或许会认为比较差。究其原因，除了缺乏统一的标准之外，实际上，还存在对课的认识深度不一、视角不同的原因。这就导致一线教师在对课的把握上缺乏稳定的、明确的方向性。假如有一个相对统一的标准或一些相对一致的评判要素，评课活动就会更具实效性。把课上成什么样也就会更加清晰。

随着课程改革的不断深入，对好课的评判尽管尚未构建出统一的标准，但大家认识上已经越来越趋于一致。通过对大量常态课和观摩课的观察、分析，以及与众多专家和一线教师的交流、学习，笔者发现，判断一节体育课是否是好课，从六个方面来评判，就会较为全面和具体。六个方面即真实性、完整性、准确性、创新性、实效性和安全性。

真实性，主要侧重于对一节课的设计和组织是否真真切切地从学生的实际出发，教学过程是否是一环扣一环，有教有学、从不会到会的逐步过渡的过程，有没有违背认知规律的现象发生，等等。课堂的不真实在观摩课中表现得较为突出，作秀成分越大越不真实。因此，在评课时，那些很大程度上带有作秀成分的课会越来越不被看好。

完整性是看课堂常规是否完整，课的内容安排是否完整。如上课有没有安排见习生，有没有检查服装和收还器材等常规，课的结束部分有没有安排放松整理活动等。课的结束部分收还器材如图 1-1-2、图 1-1-3 所示。

准确性，是要看一节课是否完成了设定的教学目标，是否是围绕强化重点、突破难点安排的教学手段，等等。有的课可能与目标比较接近，而有的课或许会与目标相距甚远；有的课在教学手段的选择和运用上，会围绕重难点的解决，而有的课却并非如此。因此，从这些方面可以判断课上得是否准确。

图 1-1-2　下课后个别学生在帮助捡沙包

图 1-1-3　下课后每个学生都收还自己使用的垫子

创新性，无论是常态课还是观摩课，要上好一节体育课，老师最好有良好的设计意识。有的可能围绕如何提高学生的兴趣做了一些尝试，有的可能会围绕强化重点、突破难点有一些新的考虑，等等。但无论如何，有良好的设计意识的课，会显得比较新颖，有助于促进学生乐学。

实效性，是评判一节课是否是好课的综合指标，是诸多因素集合而成的指标。学生通过参与体育课堂学习，假如能够体现出学准了、学会了、学乐了、学热了等状态，实效性就会有所凸显。或者更为简单地看课堂上学生学习的三个关键要素：乐、动、会。因此，评课的时候，可以依据课堂上的效果达成，将不同的课划分为缺乏实效性、实效性有部分体现、实效性有明显体现等不同的层次。

安全性，是所有体育教育工作者都十分关注的，但安全性在课堂上的表现也是分层的，有的安全性较强，有的一般，有的较弱，结果会区分出不同的安全层次。比如，有的课上有隐患但无安全防范，这是缺乏安全意识的体现；有的课上有隐患，有防范但不具体，这是安全防范方法缺乏的表现；还有一种情况是有隐患，防范也具体，但没有及时跟进，即提出具体防范措施或要求以后，未顾及结果，未对防范效果做出及时评判和提出更加有效的措施。总之，依据出现的不同情况的安全防范问题，体育课的安全性高低也自然能够得到有效区分。

评课活动十分常见，评课存在的有待改进的现象也相对比较多元。明确各种现象产生的根源，对有效把握评课技巧具有一定的促进作用。评课活动开展得如何，有无统一的评课标准更加关键，通过分析课的真实性、完整性、准确性、创新性、实效性和安全性，基本上可以对一节课是否是好课做出定性的评判。为了进一步对评课的常见现象进行总结，下面做一个简单的归纳。

评课的常见现象

评课现象有很多，　不同角度分开说；
逻辑主线不确定，　东评西说难对应；
视角切入欠新颖，　评课效果显不同；
问题分析不深入，　心服口服难保住；
课堂细节不重视，　生动真实变其次；
好课标准不统一，　认识不同有分歧；
消除现象很重要，　走出误区为最妙。

第二章　评课的若干视角

评课不仅仅是专家、教研员或指导教师需要做的，广大一线教师也同样需要掌握一定的评课方法，以便更好地相互交流和学习。同时，现在越来越多的检验教师专业技能水平的测试或比赛也采用看评课方式了。因此，对评课多元视角的了解和灵活把握十分必要。评课要体现出一定的水平，需要有合理而独特的评课视角。纵观以往评课的方式方法，优劣式的评课方式较为常见，但有时会出现先评者评完优缺点以后，后评者重复评或无话可评的现象。因此，拓展评课视角，既能在评课过程中评出新意，还能听到意想不到的评课内容。本章重点谈几种不常用但又较为有效的评课视角，供大家参考。下面重点介绍优劣式、特点式、亮点式、启发式、感受式、学习式、分段式、要素式八种评课视角与方式，以及应把握的关键。

一、优劣式：强化分析与建议

优劣式即优缺点式，假如用优缺点式的评课视角对体育课进行评判，也许大多数人都能够评出一、二、三，但即便是都能评，评课的效果和显现出的评课水平也存在一定的差异。具体表现在：有些人仅仅只是罗列出来课的优缺点是什么；有些人不仅对优缺点有罗列，还进一步做了分析，但没有提出改进建议；有少部分人既有优缺点的罗列，还有对问题的分析，更有建议的提出，但在分析的深度和全面性上有待进一步提高，提出的建议仍有挖掘和提升的空间。为此，就采用优缺点式的评课视角而言，需要调整原有的评课思路和方法，强化对优缺点的分析，即要有较为充分的理由说明为什么是优点，为什么是缺点，优在哪里，缺在何处。除此之外，对缺点提出有针对性的且独到的改进建议更为重要。这样能让任课教师对评课结果充分认可。这样的优劣式的评课才更具有实效性。

二、特点式：高度概括与归纳

特点是什么？是人或事物所具有的特别或特殊之处。利用特点式的评课视角对于新任教师而言，可能会有一定的难度。因为要对一节课有整体的把握，并找到课的特别或特殊之处，而且还要能够做出高度的概括，如用“真、新、实”或“大、高、全”等概括一节课的特点等，新任教师是不太容易做到的。除此之外，还需要具体分析这些特点是如何概括出来的，有哪些具体的教学环节支撑。过去采用这一视角进行评课的人不多，因此，大多数人对如何通过归纳特点进行评课并非十分熟悉。特点式评课的重点在于，如何高度概括和归纳特点，并能从特点切入进行评课。一节体育课无论是好是差，都可能具有一定的特点，当然，特点并非都是优点。例如，通过观察一节投掷实心球课，评课者发现，老师在课上采用了多种新颖的教学手段吸引学生的注意和激发学生的兴趣，达到了很好的教学效果。为此，我们可以用一个“新”字对各种新颖的教学手段进行概括。那么，接下来需要继续谈新在哪里、新的价值和新的实效性，也可以在谈“新”的时候，将需要进一步完善的地方指出来，并提出合理化的改进策略。要想高度概括，就需要从全课来看多次出现的相同特性。假如只是在课的某一处有一种现象，就难以用“特点”二字来归纳。如课的基本部分后期安排一个较为新颖的游戏，这只能说明，游戏比较新颖，而不宜概括为整堂课具有“新”的特点。

三、亮点式：明确分辨与解析

看体育课的时候，有时会让你有眼前一亮的感觉，甚至还有可能在一节课上多次出现这样的感觉。假如遇到这样的课，我们就可以尝试一下亮点式的评课方式。但是，值得进一步说明的是，对出现的亮点假如不进行明辨的话，很有可能都看成优点，这对评课的客观性和真实性就会带来一定的影响。为此，当要从亮点这样一个视角进行评课的时候，需要把握两个关键点。一是当眼前一亮的时候，要能够定神思考和进一步观察，最终做出明确的判断，这一亮点是能够促进课堂教学的有效性，还是难以促进，甚至会带来一定的负面影响，即要有明确的分辨。只有这样，评课的结果才会更加客观和真实。二是对亮点做进一步的解析，联系整堂课的设计，说出亮在哪里，亮的必要性和有效性。假如该亮点依然存在不够完善的地方，我们就要根据看到的情况，结合自己的经验，提出合理的改进建议。然而，仅仅采用亮点式的评课方式，或许会给人们造成一种错觉——只说亮点，而不说不足。实际上，这种顾虑的存在不足为奇。真正的亮点式的评课，除了分析和阐明亮点之外，还会或多或少地结合自己的判断，对不是亮点而是有待进一步完善的地方，提出有针对性的建议，这才是完整的亮点式的评课。

四、启发式：善于联想与提炼

笔者从以往的评课活动中发现，用启发式的评课视角的评课者更为少见，甚至有些人未想到过可以用谈启发的方式来评课。实际上，假如一节课能够带给你诸多启发，那么采用启发式评课方式进行评课，很有可能比单纯评课的优缺点更有新意。而且，一节课带来的启发不一定都是由课的经验或优点引发的，还有一点不可忽视的是，如果课存在某一方面的问题，也可以从所受启发的角度进行评课。假如启发源于优点，可以表述为："某一教学环节启发我，在将来上课的时候，要能够充分体现出……"假如看到的是课中存在的教学活动（如评价活动、课堂常规等）不够完整的问题，也可以表述为："这种现象给我带来的启发是：教学活动的呈现要充分考虑其完整性等。"也就是说，启发式的评课实际上已经将课的优缺点都隐含其中了，在表达启发的过程中，已经全面地说出了大家习惯于用优缺点表达的对课的评判。然而，要很好地运用启发式评课方式进行评课，需要把握的是：要善于联想与提炼。所谓启发式评课的联想，是对看到的教学环节或某一现象进行延伸，充分考虑为什么会出现这一现象，为什么会安排这一教学环节，假如换一种方式是否会更有效。联想以后，自然就会有启发，而且不同的教学现象会带来不同的启发。提炼是对多种杂乱无序的启发的归类，是进一步归纳哪些启发源于优点，哪些启发源于缺点，并对如何采用经验和规避缺点的综合启发进行归纳和整理，然后具有一定逻辑性和层次性地表述出来。这种视角将会给人耳目一新的感觉，新就新在这是一种基于优缺点，又超越了优缺点式的评课方式。

五、感受式：用心领悟与总结

看完一节课以后，每个人都会有一定的感受，有的人感受深刻，有的人感受一般。当一节课让你感受十分深刻，又有表达的欲望的时候，采用谈感受的方式来评课也会达到较好的效果。然而，感受从哪里谈起，先谈什么后谈什么。感受可以作为逻辑主线，但逻辑起点是什么，需要在评课之前、看课之后有一个清晰的脉络。我们既可以按照课的结构来谈感受，也可以按照感受从深到浅或从浅到深的顺序来谈，还可以谈对课的几点最明显的感受。当然，对课的感受不一定都是课的特色或优点，也有可能对课上存在的问题感受较深，这样就可以围绕问题来谈感受，并提出自己的看法。但无论是谈感受的顺序，还是谈感受的内容，都需要评课者在看课活动中认真地领悟，并及时做出总结，才能有条理地从感受评起，并评出新意。其中，思考与联想是能否归纳出感受的关键，因此，边看边想，并对印象深刻的环节进行思考：它是什么，为什么，怎么才能更好，等等，这样自己对课的感受就会自然而然产生出来，并作为评课的关键点一个个积累起来。

六、学习式：客观评判与引领

在看评课活动中，无论我们看到的是一节何种质量的课，都有值得学习的地方，只是有的需要学习的地方比较多，有的少些。只要能够抱着学习的态度去看去评，就能达到学习的目的。因此，换一种评课视角，从学习的角度评课的话，也能够评得很全面和深入。那么，学习式的评课视角如何切入？这是评课者所关注的首要问题。实际上，一节课无论是其优点，还是不足，我们均可以转换为从一个学习者的角度谈这些方面。评课的内容可以先从优点部分谈起，具体的评课语言表述可以是：“从这节课中，我首先学到了……”即可以把明显是优点的内容集中在这里谈。然后，谈课的不足的时候，不直接说不足之处，而是说“通过观摩学习，有几点想法和大家进行交流”，这时可以对看到的课的不足，谈几点个人的认识。在谈课存在的不足的过程中，我们依然能够学到，以后在自己的课上可以避免出现这些问题，甚至会把课上得更加完美，这实际上也是学习的过程，即学到了如何规避问题。学习式评课需要注意的是，要能够客观评价一节课，尤其是在判断优缺点的时候，对优点的判断一定是准确的，否则就容易产生歧义。因为，在采用学习式评课的时候，优点往往会以“值得学习的地方”来评说，假如优点的确定缺乏充分的依据，或出现不当或错误判断，学习式评课就失去了应有的价值和选择的意义。

七、分段式：把握顺序与分类

体育课最常见的结构划分是准备部分、基本部分和结束部分三大部分，即三段式，或开始部分、准备部分、基本部分、结束部分四大部分，即四段式。因此，在评课的时候，也可以按照这几个部分逐一来评。这样一来，既不同于过去大家习惯的优缺点式的评课视角，也不是按照得到的启发、感受进行评课，而是将两种以上方式进行整合，综合评课。为此，需要把握时间顺序和所评内容的类型。在时间顺序上，最先评的是课先出现的，如从集合整队、安排见习生、宣布课的内容等开始，最后评的是课上后出现的，如课的结束部分，放松活动的安排、小结和收还器材等。中间的准备部分和基本部分主教材的学习等内容是在中间来评。然而，除了按照时间顺序考虑各部分所评内容之外，实际上不可忽略的是进入各部分之后，是按照明确的优缺点逐一来评，还是不分优缺点只是按照各部分的教学要素来评，如在场地器材的运用上、在教学方法的选择上、在内容搭配上等。从评课的实效性来看，假如选择分段式评课视角，对各部分进行评的时候，依然可以评优缺点。这种方式与单纯的优缺点式所不同的是，将优缺点按所处阶段进行分析，即按照出现的先后顺序呈现，而不是按优缺点的大小和重要程度。因此，所谓的分类就是优点和不足两大类。当然，也可以采用自己习惯的评课方式，如按对各部分的感受来评，按从各部分得到的启发来评，等等。但无论如何，分段式要体现出时间顺序。

八、要素式：明确定位与协同

一节完整的体育课所包含的要素很多，既有人和物的要素，也有事的要素。人，无外乎老师和学生；物，不仅包含教材、场地、器材，还包含辅助教具，如多媒体教具、自制教具等；事，相对比较抽象，但在教学中起着关键性作用，如教学目标的设置、重难点的确定、教学方法的选择、德育渗透时机的把握等。在评课的时候，从全面性来考虑，评什么？首先要在人、事、物中间有一个明确的定位，既可以人、事、物综合来评，还可以以某一方面为主分开来评。但无论如何定位，都不可忽视人、事、物之间的关联性。如评物的时候，不可忽略与人的联系。如场地器材布置和使用是否合理，是人在使用过程中发现和判断的，离开人，单独谈物，难以对其合理性进行全面而深入的分析。因此，在定位的时候，要能够用相互联系的眼光，这是有效评课所不可忽略的。除此之外，按照要素式的视角进行评课的时候，要充分考虑要素之间的协同问题。即评某一方面的时候，要充分考虑及时跟进的另一方面是什么。如评教学目标设定是否合理，除了要评教学目标文本撰写的具体性、可操作性、全面性以外，需要考虑体育课堂各种教学手段是否是围绕有利于目标的达成安排的，还要考虑教学内容的搭配是否有利于教学目标的达成。同时，假如一节课的教学目标设定不够全面，只有大多数学生的目标，而缺乏少部分学生的目标，还可以延伸到在贯彻落实新课程理念的时候，未能充分体现《义务教育体育与健康课程标准（2011 年版）》第四条理念“关注地区差异和个体差异，保证每一位学生受益”。因此，明确定位要素与要素之间的协同问题，是要素式评课应把握的关键。

就评课活动而言，不同的人有着不同的评课风格与习惯，优缺点式的评课相对比较常见。除此之外，本章还讨论了特点式、亮点式、启发式、感受式、学习式、分段式、要素式这些评课视角。之所以如此，是因为想告诉大家，评课的时候，并非只有优缺点式一种视角，还可以站在不同的角度来评，而且灵活采用多视角评课，既是评课能力的体现，也是评课向全、深、新发展的趋势所要求的。为了进一步对评课的若干视角进行总结，下面做一个简单的归纳。

评课的若干视角

评课视角有不同，　自主选择方法明；
优缺点式最常见，　分析建议要呈现；
特点式评有侧重，　归纳概括要行动；
评优课上亮点有，　抓住它们不放手；
启发式评也新颖，　联想提炼不要停；
感受式评重领悟，　巧妙把握收得住；
学习式评要真诚，　批判引领方向明；
分段式评结构清，　把握顺序和类型；
要素式评不可少，　定位协同最重要。

第三章　评课的基本原则

论及评课，人们通常会想到两类形式：一是常规性的看评课中的对课的点评，二是在各级各类评选、展示等活动中要排出名次或奖项的对课的评优。这两类活动都有一个核心——“评”，但该如何评，依据什么来评，如何才能评得公平、公正、合理、客观，遵循一定的评课原则至关重要。下面主要从点评和评优两类形式的评课角度，阐述评课活动应遵循的基本原则，主要包括细看精评、前后贯通、先赞后建、标准一致、利于提升五项原则。旨在为更加客观、合理、有效地评课提供一定的借鉴。

一、细看精评：细看是前提，精评是关键

评课水平的高低，其前提是要会看课，要能够看出门道。然而，门道在哪里？如何看出门道？最为核心的就是要把握细节。能够做到细看，挖掘细节背后隐藏的东西，是决定精评的关键。有些人由于在看课环节走马观花，于是在评课的时候，只能是蜻蜓点水，难以把握课的精髓，对课的问题及其根源难以评出个所以然。评课语言不够精准，甚至大而空，不仅不够生动，而且没有太大的聆听或参考价值，这样的评课是失败的，不可取的。

如何才能做到细看精评？首先，转变过去看课的习惯与方式，要在充分考虑能够精细化评课的前提下去看课，这样课的细枝末节才能够一览无余。因为，粗略看评课与精细看评课，评出的效果差别较大。前者可能只是点到为止，甚至点不到或点不准；后者则能够评出真知灼见，让人有心服口服之感。其次，提高观察力和分析、判断能力。因为不同观察力的看课者所能看到的问题是不同的，即便是同一个教学环节，都看出了某种现象，但是因观察力不同，发觉的现象背后的问题和根源则不同，甚至会出现完全相反的两种判断结果。观察力强，就便于做出合理的分析和正确的判断，否则，就很

有可能抓不住本质。最后，就是要提高归纳、总结和表达能力。假如看课的过程中能够把握住细节，找到实质性问题，但是如果归纳、总结和表达能力欠缺的话，精评的效果也难以达到。有时，问题是由多种教学现象共同汇集而出的，这就要能够将相似现象进行归纳、总结。就点评课而言，要能够组织好准确的语言对其进行评说。

二、前后贯通：设计不忽略，重点评教学

对体育课无论是要进行点评，还是评优，都不能只是对课堂教学实施环节进行点评，而是要能够做到前后贯通，即在不忽略教学设计的情况下，重点评课堂教学的实施过程与效果。就一节课而言，设计在先，实施在后。而评课的时候，过去很容易犯的错误就是，只评课堂教学实施环节，而不评课的设计水平，结果很容易出现盲目评课现象。更有甚者，在看课之前，根本就不浏览教学设计文本，而直接看现场课或看事先录制的课的光盘，结果就是在不知道教学目标、不了解重难点、不明确教学过程与方法的情况下去看，如同只看到冰山一角，一般很难全面判断课的设计和课堂组织是否合理、一致。这种情况下，评课的时候会不够深入和不完全准确。为此，在评课环节，如果要想前后贯通，不仅要看设计环节是否合理，还要能够将重点放在课堂教学实施部分，做到重点突出，全面具体。

然而，如何才能达到真正的前后贯通呢？首先，在看课前要先浏览教学设计的完整文本，假如只有教案部分，要把教案认真阅读一遍，不仅要从教学设计或教案文本中了解基本信息，如授课年级、性别、人数、内容、场地、器材等，还要认真研读制定的教学目标、确定的教学重难点、采取的主要方法手段等。带着这些信息去看课的话，每看到一个环节、现象、问题，都能够从目标层面、重点强化与难点突破层面考虑是什么现象或问题。否则，想要看出门道、评出水平会有一定的难度。其次，要正确把握好设计与教学的关系。前面我们谈到评课不能忽视设计，但是，设计仅仅是预设，我们并不一定就能够将设计内容原封不动地照搬到课堂上去。由于课堂上会有一

些新生成的，且在设计环节未能预料的教学事件，因此，评课还要把握一个“活”字，即灵活处理好设计与教学的关系。好的设计是有效课堂的前提，但课堂教学不等于教学设计的再现。基于这种认识，评课效果就能够趋于理想化。

三、先赞后建：优点最先赞，建议跟进提

在评课活动中，人们的习惯往往就是，先说优点，再说不足，进而提出几点改进意见，无形中就已经遵循了先赞后建的原则。赞即赞扬，实际上就是用表扬的语言描述课好在哪里，为什么好。建即建议，实际上就是用诚恳的语言针对课的不足提出建设性的改进意见。假如是课的评优，依然可以在评定完等级以后，针对不同等级的课存在的问题，提出进一步改进和提高的建议。有赞有建的评课是完整的，先赞后建的做法是人们最易于接受的，因此，遵循这一原则无可非议。

如何更好地把握先赞后建的原则？首先，赞的内容和方式要十分明确和适宜。要具有高度的概括性，不能过细过杂，否则，赞的重点和效果就难以凸显出来。例如，当看到课堂上老师在学生听讲环节、观察环节、练习环节等都能够提出明确的要求，且这些要求都有利于学生掌握学习方法时，基于这几个环节的教学现象，在赞的时候，就可以用“该课比较注重对学生学习方法的指导”等语言。学法指导就概括了听讲法的指导、观察法的指导、练习法的指导等。其次，赞的语言表述要具体，而不能空泛，要能够有案例支撑，既要指出哪些环节好，还要能够分析好的原因，让人听了能够感受到：这种对课的点评是真实的、准确的、必要的和巧妙的。用过于空泛的语言去赞等于是在虚夸，会让人感到课并不像说的那么好，失真的点评不能让人信服。例如，有人在评一节弯道跑课的时候，泛泛地说：“这节课的教法选择比较适宜，手段比较有效。”实际上，在组织学生学习弯道跑技术的时候，教师不但用了不适宜的教法——直道斜身走，体验身体内倾，还采用了无效的教学手段——左臂腋下夹绳摆臂跑，体验内侧臂摆动小、外侧臂摆动大的动作。

由此可见，对存在明显问题的地方还用“赞”的做法是不妥当的、不准确的。最后，提出的每一条建议要能够找到出处。要让人们明确，是针对哪些问题提出的改进建议，而不是凭空而谈。建议反映出的具体改进措施要能够合理有效。否则，所遵循的先赞后建的原则就难以发挥应有的作用。例如，一节小学体育课上，老师安排了一个游戏——搬运。让学生分成人数相等的 4 个小组，搬运的方式是由单人搬运物体从起点到终点，过渡到两人抬运相同数量和重量的物体，再到三人合运同样的物体。任课教师设计这种活动形式的目的是想体现出由易到难、循序渐进。实际上，从单人到最后的三人搬运同样的物体，不是由易到难，而是由难到易了，因为同样重量和数量的物体，两个人抬着要比一个人搬着容易，三个人就更容易将其运到目的地了。当如此指出需要改进之处的时候，任课教师就会十分认可。当提出要么将搬运物体的人数从多人向单人反过来过渡，要么从单人向多人增加搬运物体的数量和重量等建议的时候，任课教师就会表现出很愿意接受建议，力求进一步改进。

四、标准一致：心中一杆秤，标准不摆动

无论是对课的点评还是评优，都是需要标准的，而且标准应该保持一致，否则，好课与差课就会很难鉴别，甚至会出现因标准不统一，评的结果会产生一定的分歧的现象。这里所讲的标准一致包含两个含义：一是同一个人在评若干节课的时候，要用一致的标准来评。二是无论是点评还是评优，要分别做到标准一致。因为，不仅评优的时候会通过课的具体呈现，评出各种优劣等级，即优在哪里、不足是什么，要能够用相对一致的标准来判断，而且点评课的时候，也会遇到同样的事情——指出优缺点，而优缺点评判的依据就是标准。如果没有标准，优缺点也就无从谈起。例如，看过一些课以后，评课者发现大约一半以上的课都没有安排见习生、收还器材等环节，由此提出了课的不足。那么评课者是如何判断这两种情况都是不足的呢？其标准是，课要具有一定的完整性，无论是不安排见习生，还是不收还器材，都是课堂

常规不完整的表现，即用“完整性”的标准来评判其不足。

如何才能做到在评课的时候标准一致呢？首先，明确标准是什么很关键，也就是说，需要了解标准由哪些指标构成，各指标如何解释，即每一个指标的具体含义都要搞清楚，否则就很难实施评课活动。如评课的标准体系中，真实性、完整性、准确性、创新性、实效性和安全性等是最基本的指标，对每一个指标的进一步解释，是评课的主要依据。因此，明确标准十分必要。其次，懂得标准的应用至关重要。例如，真实性，虽然对真实性的解释是“主要侧重于对一节课的设计和组织是否真真切切地从学生的实际出发，教学过程是否是一环扣一环，有教有学、从不会到会的逐步过渡的过程，有没有违背认知规律的现象发生，等等”，但是，如何看出是否真实，有无虚假成分在其中，这需要深度挖掘真实与否的各种表现，分析各种表现背后可能隐含的是什么，否则就很难判断课的真实程度。例如，教师讲解示范完以后，虽然学生的练习量很小，但动作全会了。遇到这种情况，我们就可以分析“全会了”的背后隐藏着什么。接下来的疑惑是，学生究竟是不是在课堂上学会的？如果不是，是什么时候学会的？课前吗？假如是课前的话，为什么要在课前学会而不是在课堂上学会？又为什么已经会了的动作，教师还要在课堂上一步一步地从不会到会地教？假如回答是课前，而且是为了能够在课堂上显示出教学的效果十分明显的话，这就等于走进了形式化的误区，课就显得不够真实了。因此，一旦发现了课的问题所在——虚假，同时又有判断的依据，即可确定为真实性缺乏。因此，评课要想达到理想的结果，就需要有标准且标准一致。

五、利于提升：评课是形式，提升是根本

评课，过去在一定程度上只是对课的好与差、哪里好与差、如何解决课存在的问题等的综合表述。通过评课，无论是点评还是评优，假如最终能够有利于促进课的质量的提升，就是抓住了根本。利于提升，包含两层含义：一是将提升课的质量作为评课的出发点，这样的评课就会态度诚恳、语言得

体、贴近实际；二是将提升质量看作评课的最终目的，这样的评课就比较容易深入，同时，评课者的水平也会不断得到提高。

然而，如何在评课环节真正地做到遵循“利于提升”的原则呢？首先，评课的出发点要把握好。过去，有些人评课，只是说赞扬的话，诸如“这课上得很好，值得我学习”，但至于好在哪里，为什么好，却缺乏更加具体的表达。还有些人评课，只顾挑毛病，找问题，将一堂本来还不错的课，说得几乎一无是处。这两种心态的评都没有把握好出发点，即对“如何评才能有利于提升课的质量”考虑不周，结果就会出现过于自我的主观性评课现象。其次，评课的最终目的要明确。前面谈到，“将提升质量看作评课的最终目的”，但该如何把握好这一最终目的呢？过去，在诸多的评课活动中，专家点评课大都是完成了评课任务，显示出专家水平，或组织机构因为请到了某权威专家而感到活动有较高的层次。课的评优活动，无论是地方的还是更高层次的，评出奖项、代表性展示、专家点评等一系列活动后，似乎评优活动就结束了。实际上，这两种情况的评课都没有将最终目的设定在提升课的质量上。要想把握好这一点，既要强化研究性评课，指出一节课存在的问题，还要能够归纳出同类问题，分析为什么会产生这些问题。不仅要从任课教师的角度分析原因，还要能够从学生角度分析。找不到真正的问题根源，解决问题就难以达到理想的效果。问题得不到有效解决，课的质量提升也就难以落到实处。在过去诸多评课活动中，最缺乏的无外乎对问题根源的分析，大都是找到了问题，提出了改进建议。假如课上存在某种问题，是教师的思想观念因素造成的，不找到是什么观念和观念错在哪里，就难以知道如何转变观念，提升课的质量这一目的也就难以达到。

评课与看课不可完全割裂开来，因为看课是前提、基础。离开了看课，或对课的门道没有很好的把握，评课就难以精细。因此，要精评课，就要先细看课。除此之外，前后贯通、先赞后建、标准一致、利于提升等都是评课应遵循的重要原则。把握好每一条原则，不仅是体育教师提升评课水平的关键，更是体育教师提升体育课堂教学能力所不可忽视的。为了对评课的基本原则做进一步总结，下面做一个简单的归纳。

评课的基本原则

评课原则要把握， 客观合理皆无过；
细看前提把握好， 精评关键方能保；
前后贯通不可少， 轻重缓急区分早；
先赞后建顺序明， 建议提得要可行；
统一标准要建立， 最终结果无疑义；
利于提升是根本， 内容方式要精准。

第四章　评课的基本标准

评体育课需要标准，但长期以来，人们评课大都根据自己的主观感觉，对体育课的好与差的判断，尚未形成统一的标准，结果就会出现，对于同样一节课，有些人认为很不错，有些人认为问题较多，甚至还会有人认为问题很大。究其原因，除了看课水平、评课能力存在一定的差异以外，最为关键的就是缺乏标准的评是盲目的，是不科学的，说到底是不够合理的。为了促进评课的准确性、规范性和客观性，下面主要从评课标准的群体性现象、“六性”评课基本标准体系的初步构建两个方面讨论，其目的是要回答为什么评课需要标准、需要什么样的标准、如何使用标准等一系列长期困扰评课者的问题。

评课作为一项较为常见的教研方式频繁出现在诸多活动之中，评课假如没有基本的标准，评课活动就会显得盲目，甚至缺乏客观性和公平性。下面主要采用课堂观察、专家访谈、座谈、实践验证等方法，初步从真实性、完整性、准确性、创新性、实效性、安全性六个方面对体育评课基本标准进行建构。旨在为更规范地评课提供依据，促进体育课堂质量的提高。

一、评课标准的群体性现象

一堂体育课无论评出的结果如何，都需要一个标准，即使没有明确的或统一的显性标准，评课者心中也会有一个隐性标准。基于不同群体的特殊性，这一标准或许会出现同一群体趋同现象。依据大量的观察与讨论，下面以“什么是一节好课”为例，分别对校长、家长、体育教师、专家学者几类人群心目中的评课标准做进一步分析。

1. 校长心目中的好课

校长，作为学校的法人，学校体育工作的第一责任人，其心目中对体育课的评判应该有一个比较客观的标准。然而，在一些校长看来，体育课的好与差，主要看有没有出现伤害事故，因此校长们将安全性作为评判一节课的重要指标，甚至是唯一指标。如一位校长在回答什么是好的体育课时说："只要不出事就是好课。"由此看来，一节课出不出事被当作最主要的评判指标。这是站在学校发展、确保学生安全的角度对课进行的评判。然而，这并不是贴近体育课最本质属性的判断标准。因为，不出事是体育课上的基本要求。假如把不出事作为评判好与差的课的标准的话，课程标准的研制与推行也就失去了意义，体育教师的专业发展也无需再做更多的努力。然而，事实并非如此。

2. 家长心目中的好课

孩子在学校接受教育的全过程中，家长对其学习的情况和效果都可以进行评判。孩子参加体育活动，家长也同样可以参与评价一节课的质量。然而，通过与诸多家长的交流，笔者获悉，家长对孩子参加体育课的认识趋向于"孩子既要能够在体育课上学到东西，学会锻炼身体的本领，还要能够平安无事"。由此可以看出，在家长的心目中，学本领和安全是他们希望体育教师能够提供的，同时，也可以看作家长心目中的评判课的标准。这显然是站在孩子发展和成长的角度来评判体育课的。进一步分析可以看出，让学生掌握运动本领，对学生终身参与体育锻炼能够奠定好的技能基础，这也符合体育课程改革的明确要求。然而，仅从技能性和安全性上评课，显然是不够专业和合理的。

3. 体育教师心目中的好课

体育教师在学校体育工作中扮演着重要的角色，不仅有繁重的体育教学工作任务，还要组织大课间、课外活动，以及各种体育比赛或参与学校的一些大型活动的组织协调工作。在这样超负荷工作状态下的教师们对体育课的评判又有着什么样的标准呢？在与诸多一线教师的沟通中，笔者发现，一些体育教师心目中好课的标准趋向于：在这些课上，不仅顺利完成了教学任务，还让学生有了一定的发展，安全问题尤其需要关注。从总体上来看，这种标准既有从教师角度考虑的"任务的完成情况"，又有从学生角度考虑的"学生发展”，还有从课的角度考虑的“安全性”。即同时站在了三个视角来评判课的质量优劣。当然，由于各地教师所处的地方教育环境不同，所倾向的课的教学模式不同，在评判什么是好课的时候，自然或多或少地会带有一定的区域特点。例如，有些地方注重抓运动技能教学的质和量，有些区域则尤为强调体能素质练习的实效性，还有些省市更注重课的趣味性。当然，也有些地方更加注重传统意义上组织形式的整齐划一。由此可以看出，规范性的评课依然需要建立相对统一的基本标准体系。

4. 专家学者心目中的好课

这里所指的专家学者，实际上包含两类群体。一类是从一线中来，又经常指导一线工作的具有丰富实践经验的教研员、特级教师等实践专家；另一类是虽然未在一线从事教学工作，但是长期研究学校体育工作的理论专家或学者。

从实际工作情况来看，实践专家心目中的评课标准可能会比体育教师的更加全面和客观，也可能会比理论专家或学者的更切合实际。尽管目前尚未看到某实践专家提出一套完整的评课标准体系，或许尚未及时总结归纳和将成果可视化，但我相信在大多数实践专家们的心目中一定会有一个评判课的最基本标准。从各地开展的公开课观摩展示活动中，聆听实践专家的点评就能够给人很多启发，感受到他们心中的标准所在。尤其是各地的体育课评优活动所使用的评分标准，充分说明实践专家们对评课标准已有充分的考虑。这些评分标准，涉及备课、上课的诸多要素。其中，备课包括教学目标的设置、重难点的确定等，课堂教学包含教师的语言、示范、组织、课的密度的把握等。这些指标体系，一定程度上更倾向于对体育教师教学能力的评判。

理论专家或学者与前者相比是一个较为特殊的群体，因为他们往往是以一种局外人的视角，结合已有理论基础判断课的优劣。或者有部分专家或学者也会走进一线，间接地参与体育课活动，即通过看课的方式弥补实践的不足。但建立标准的时候依然容易出现过于理论化的现象，甚至有可能会只站在学生的角度来评判课的质量优劣。

为此，要建立一套客观的、准确的评课标准体系，就要整合集体的智慧，既要有实践者的经验支撑，又要有一定的理论依据。单纯从某一方面或站在某一群体的立场上构建，是很难让标准达到理想状态的。

二、“六性”评课基本标准体系的初步构建

从以上分析我们不难看出，构建相对统一的评课标准体系十分必要，但站在什么角度构建不得不慎重。因为角度选择正确，课的评判结果就会更加趋于准确。然而，要想使评课工作更为客观、规范，标准体系中的指标的确定就更为关键。下面逐一展开讨论。

1. 评课基本标准切入视角的确立

无论是口头还是书面评课，评课标准视角的确定无外乎四类情况：一是从教师的角度；二是从学生的角度；三是从课的角度；四是综合视角。假如没有一个统一的或恰当的视角，很有可能出现，同样是评一节课，由于所站的立场不同，评课结果会大相径庭。例如，一节篮球行进间传接球课，任课教师教学态度比较认真，讲解示范比较正确，时间把握也恰到好处，从教师的角度来评，这节课应该没有太大问题。但是，当从学生的角度看这节课的时候，却会评出不同的结果。学生在课堂上表现出的是：观察示范不知道主要看什么，练习环节未掌握更有效的方法，听到教师提出“别掉球”，传接球的时候大多数学生还依然连连“掉球”（接不住球）。假如站在学生学习的角度评这节课，这节课问题较大。这里存在着教师能教但不会教的情况，因为教师未能很好地关注到学生的学，尤其是未能有效指导学生如何学。因此，确立准确的评判视角十分必要。笔者在长期的观察和评课实践与研究中发现，假如从“课”自身的角度，而不单纯站在“教师”或“学生”的角度建立标准，评课会更为客观、准确。

2. 评课基本标准一级指标的确立

假如从课的角度建立评课基本标准，其一级指标就要能够尽可能地反映出课的方方面面，诸如要看一节课的整体效果是否真实、是否完整、是否准

确、是否新颖、是否有效、是否安全等。笔者初步从课所能表现出的六大特性，即真实性、完整性、准确性、创新性、实效性、安全性六个方面设立了评课基本标准的一级指标，并对各一级指标进行了简单的阐释，提出了评课活动中各指标应把握的关键，如表 1-4-1 所示。

表 1-4-1　“六性”评课基本标准一级指标

一级指标	释义	关键
真实性	在教与学环节上、组织上的真实程度	主要看有无虚假教学和组织，如是否有明显作秀现象等
完整性	课堂常规、课的结构是否完整；学生评价等教学环节是否完整等	主要看缺什么，如评价有无标准、课结束部分有无放松活动等
准确性	目标、重难点确定是否准确具体；课堂教学是否围绕达成目标、强化重点与突破难点而教等	主要看目标达成情况、重点强化与难点突破情况
创新性	是否有创新方法手段或新颖的组织形式等	主要看有无创新、创新真假等
实效性	教师讲解、示范、指导等所能达到的效果；场地器材利用有效与否等	主要看教师对学生学习的关注、场地器材充分利用情况
安全性	有无安全隐患，有无有效防范，有无伤害事故发生等	主要看安全防范措施到位情况

从表 1-4-1 可以看出，根据一级指标的六个方面基本上能够对体育课进行较为全面的评判。而且，这些方面还都是从体育课自身角度设定的，既不是站在教师教学的角度，也不是站在学生学习的角度。为了能够使评课活动更加具有可操作性，下面进一步将指标细分，并提出各指标权重分配建议。

3. 评课一级指标权重分配

评课基本标准一级指标确定以后，就需要对各指标权重进行分配。通过对大量理论专家与实践专家的访谈，并征求许多一线骨干体育教师的意见，以及评课实验的验证，笔者目前确立了六项评课一级指标的权重，如表 1-4-2 所示。

表 1-4-2　评课指标权重分配

指标	权重（分）	好课
真实性	10	真实
完整性	10	完整
准确性	20	准确
创新性	15	新颖
实效性	35	有效
安全性	10	安全

从表 1-4-2 中的权重分配可以看出，从课的角度建立评课基本标准，六大方面的权重分配凸显了课的侧重顺序：首先是实效性，占 35%；其次是准确性，占 20%；再次是创新性，占 15%；剩余的三项指标各占 10%。在具体评课的时候，参与评课的专家结合自己的经验，基本上都能够按照此权重分配，结合课上的具体情况做出相对准确的判断，给出较为合理的分值。当一节课按照此权重分配方式进行评分以后，可以按照如下等级判断方法确立课的优劣等级。如表 1-4-3 所示。

表 1-4-3　评课等级划分

等级	分值区间（分）
优秀	90—100
良好	80—89
一般	70—79
较差	60—69
很差	0—59

从表 1-4-3 可以看出，按照评课等级可将课划分为从优秀到很差五个等级，凡综合得分在 90—100 分区间的，都属于优秀的课。依此类推，按照对应的分值确定课的不同等级。这种评分方式还有一个优点就是，一节课假如得了某一个分值，如 70 分，当细化到每一个指标的分值的时候，还能够找到哪个指标扣分较多，也就是说能够较为容易地找到课的主要问题在哪里，便于指导改进。

4. 评课基本标准应用把握的关键

评课基本标准的初步构建，不仅经过了在评课活动中的多次验证，也与部分一线教师和专家进行过沟通和交流。为了使该标准更便于使用，下面谈一谈在操作过程中应把握的关键。

首先，评课基本标准的建立能够弥补定量评课的不足。依照评课基本标准评课，能减少体育评课中难以量化的困惑。过去，无论是有经验的评课者还是经验尚缺乏的评课者，都或多或少地会对评课结果产生难以量化的困惑。评课基本标准体系建立以后，能够弥补这一不足，并尽可能地做到定性与定量综合评课，体现对好课差课的评判的客观性和准确性。至于能否评出准确的结果，当然还与能否看出门道有很大关系。

其次，评课基本标准的建立能够促使体育评课活动更加规范。构建体育课评课基本标准体系，不仅经历了长期的定性摸索，还考虑到定性与定量相结合的方式，力求体现出客观性、准确性。该标准从课的真实性、完整性、准确性、创新性、实效性和安全性六大方面进行初步构建，并根据各指标的重要程度对其进行加权，能够使评课工作更加清晰，并逐步趋于标准化和规范化。同时，该标准也隐含着体育课堂教学尤其是优质课堂的定位：真实、完整、准确、新颖、有效、安全。当然，体育评课标准的研究并未终结，笔者希望能够在以后的实践中不断将其丰富和完善。为了能够对评课的基本标准进行总结，下面做一个简单的归纳。

评课的基本标准

评课人群多又多，　视角不同分开说；
校长看评心中乐，　安全第一是好课；
专家学者有不同，　实际效果要分明；
标准体系要构建，　评分评说要呈现；
评课标准尝试做，　权重值内不超过；
真实分数看作秀，　完整缺失有折扣；
准确把握尤为重，　创新性上有行动；
实效性上学与会，　学法指导不后退；
安全评分不能乱，　事故不见看防范。

第二部分

体育教师评课——实践方略

体育教师评课除了需要了解一些基本的评课理论之外，更需要掌握具体的操作方法。如：教学问题如何评？教学内容如何评？教师示范如何评？学生的学习方式如何评？课堂评价如何评？场地器材如何评？突发事件如何评？安全防范如何评？这一系列相关教学要素、内容、环节、条件等都是评课者需要重点把握的。要想评得准、评得巧、评得实，就需要评课者下功夫了解一下评课的实践方略，这样或许能从中获得不一样的启发。

第一章　评教学问题的方略

在评课活动中，更多的人热衷于评优点，而且有时甚至把不是特别明显的优点都一一列举出来，这主要抓住了人们乐意被赞扬的心理特点。而在评课的不足或问题的时候，大都比较慎重，甚至有些课上出现的比较明显的问题也没有被指出来。当然，也有不少评课者能够很直率地将问题一一指出，并分析问题产生的根源，以及提出改进的策略。客观评课，能够指出教学中存在的突出问题，这对上课者来说是很大的帮助。实际上，如果评课者能够发现问题，并真诚地指出问题所在，大部分上课者都能够虚心接受。但是，要把握评教学问题的技巧，不可采取批判式，更不可用攻击性较强的语言夸大问题。

体育教学问题有大有小，就一节体育课而言，出现的问题也有多有少，甚至还有真假之分。如何能够对看出的体育课堂教学真问题进行巧妙的点评，这是一个值得研究的综合性问题。本章主要从评体育教学问题的前提、评体育教学问题的原则和评体育教学问题的技巧三个方面进行探讨，旨在为后续研究提供重要理论参考，并为广大评课者提供方法借鉴。

一、看出真问题：评体育教学问题的前提

人们在看课的时候，总会有人看出的问题很多、很关键，也会有人仅仅抓住了细小的问题，难以发现隐藏在现象背后的真问题、大问题。这不仅是由看课多少所决定的，还受看课能否看出门道的能力强弱所影响。要评教学问题，首先需要具有看出真问题的能力。下面从三个方面展开讨论。

1. 不把现象当问题：体育教学中的问题有真有假

当我们看课的时候，会看到这样或那样的现象，但并非所有的现象都是问题。在众多教学现象中，有些现象或许是有利于促进体育教学有效性的，

或是教学经验的反映，而有些现象或许不能对体育教学的有效性产生积极影响，还可能或多或少的会有一些负面影响。因此，不能将体育课堂教学中的所有现象都当作问题来看待。在有一定负面作用的现象中，还需要分清其严重性。有些是影响不大的，或站在这个角度看是问题，而站在另一个角度或许就不是问题（或是假问题）。例如，一节投掷课，在课即将结束的时候，任课教师从学习态度、合作精神、创新意识三个方面安排了一个学习评价，对于这类现象，可以忽略不计。看评课的时候，需要能够辨别问题的真假，真问题自然会反映出其对体育课堂质量的影响。然而，并非所有看课者都能够看出真问题，甚至有些人会把真问题当作优点来评判。但最起码不能把所有的课堂教学现象都当成问题，要有准确的判断，否则就不利于把准促进质量提升的大方向。

2. **问题抓大不放小：体育教学中的问题有大有小**

体育课堂教学中，能够被判断为有问题的环节，根据其对课的质量的影响性，我们可以用大与小的程度将其归类。但无论问题大小，为了更好地促进体育教学质量的提高，看评课的时候，重点关注大问题的同时，小问题也不可忽视。一般情况下，或许很多看课者都能发现大问题，而对于小问题，有些看课者可能会不屑一顾。但有些时候，小问题背后恰恰隐藏着更大的问题。例如，某地一所小学的一节二年级的体育评优课，任课教师在课的开始部分，准确地喊着原地向左、向右、向后转的口令，学生听到老师的口令后，分别依次转动到这些方向，可是，看学生的脚上动作就知道，很多学生都没有按照正确的原地转法的动作要求完成，而是用捣小步的方式，转到了相应的某一方向。在整个过程中，任课教师似乎没有看到学生的这种错误的脚步动作，而是一个接一个地喊着口令。这一看似比较小的问题，或许有些看课者会认为，老师的口令很正确，声音又很洪亮，不影响教学效果。但是，当我们深入分析就会发现，恰恰是这种看似很小的问题容易被人们忽视，这属于单纯走流程的现象。教学中的单纯走流程现象，长期以来并没有引起大家的广泛关注，尤其是在观摩评优课上，这种现象更为突出。假如我们再往上推的话，可以看作教师在教学过程中缺乏对学生的关注，未反映出是为了学生的学而教，而是为了让学生配合老师的教而学。这种情况，已经远远不能看作小问题了，而是最不容忽视的观念和认识误区问题。

3. *深层问题需探析：体育教学中的问题有深有浅*

当我们对体育教学问题进行归类的时候，除了问题有真有假、有大有小之外，实际上，还存在显性和隐性之别。有些教学问题隐蔽，不易被发现。这样的问题，只有在看课的过程中能够看出门道者才能发现，而且还会因看课能力强弱在发现问题的多少方面有区分。所以，在评课活动中，有些老师提出的教学问题，会让大家比较吃惊，并突然感觉到这位评课者提出的确实是问题。还有些时候，这些让大家突然意识到是问题的教学环节，往往也会被某评课者评成优点。这种现象多出现在有一定教学经验的老师的课上，由于其已经积累了丰富的教学经验，人们看课的时候，或许会用先入为主的思想观念来评课，几乎看到哪些环节都首先想到是优点。由于教学过程一环扣一环，有时来不及定神思考就已经过渡到下一个环节了。这种差异更能够区分出看评课者能力的不同。

例如，某市一所小学的一节优质课，因为是在一次大型活动中被评为一等奖的课，大家自然会带着学习的心态来看这节课。可是，这节课上有一个教学环节——箱上前滚翻练习。教师让学生在器械上完成动作以后，紧接着在前方垫子上的评价表上进行“自评互评”。大部分看评课者认为这是一个很好的环节，其理由是，注重了新课标要求的体育课堂教学评价；少部分看评课者认为，这个环节也不错，只是感觉有点别扭，但不知道为什么；仅有个别看评课者说出了隐藏在背后的问题，这一环节其实是“评价干扰项”，即学生自评互评这一环节的引入，影响了主教材新授课学习期间学生的练习。当然，在这里并不是说新授课就不能让学生自评或互评，而是要根据具体情况而定，对于具有一定危险性的教学内容，假如学生刚刚接触这项技术动作，在第一次通过练习体验该动作的方法和难度时，就安排学生自评互评环节的话，学生很容易分散精力，直接影响练习的质量。通过分析这节课，我们可以进一步明白：深层问题是在自己看课能力不断提高以后才能发现的，而且这类问题是需要进行深入研究的。因为越是这类问题，对教学的影响越深入、越持久。

二、评出全面性：评体育教学问题的原则

一旦在体育教学中发现了问题，“怎么评”是一个更值得关注的问题。因为评得好，会让人心服口服，而且还会给人带来很多启发；评得不好，可能会带来不良影响，还会使人产生“究竟是不是问题”等的疑惑。但是，该如何把握评体育教学问题的原则呢？一个最为关键的原则就是要把握全面性。包括要阐述清楚这是一个什么问题，即对问题是什么、属于哪一类等的表述；还需要查找到问题产生的根源，即说明为什么会产生这样的问题；还要根据原因提出建设性的意见，即问题的有效改进策略。具体分析如下。

1. 是什么：什么问题先搞清

体育教学中的真问题，一旦被发现，无论是大是小，是深是浅，都要回答最首要的问题——是什么问题。例如，有评课者在评一节课的问题时说，“这节课教师的教学语言太多，尤其是不必要的集中纠正错误动作的指导语言过多，这会直接影响学生的练习”。从这个评教学问题的案例中，我们不难看出，这个评课者评说的是“教学语言问题”，即问题出在了教师的语言控制上。假如我们再将其进行归纳的时候，它又属于未能遵循“精讲多练”要求的问题。还可以继续从另一个角度判断，由于体育课程总体目标是要提高体能素质、掌握运动技能、培养健全人格，假如不能做到精讲多练，就会既影响学生掌握运动技能，又对学生提高体能素质不利，即影响目标达成。因此，该问题又可以上升到体育课堂教学实效性的高度。总之，在评课的时候，首先要弄明白即将评的教学问题属于哪一类问题，而且问题可以按从低到高的不同层次归纳，归纳的层次越高，对问题看得越透彻，评课的水平也会显得越高。

又如，一节小学五年级的篮球课——行进间运球课，其中一个练习，任

课教师让学生每人左手持一个篮球，右手做徒手模仿运球动作。从学生的练习中可以看出，很多学生右手徒手动作几乎都变形了，一些学生不像是在运球，而是像一次一次往后甩手，可是任课教师此时此刻并没有发现学生的这些错误的徒手练习。这一练习一直持续近 2 分钟，学生自然也表露出了满不在乎的表情。针对这一现象，实际上我们首先要考虑一手持球一手徒手练习的方式是否有必要的问题。从学生的表情和错误动作来看，安排这样的练习，显然是不妥的，因为它机械地照搬了“循序渐进”。还可以将此问题归纳为教师在教学中的课堂观察能力和调整机智缺乏的问题；还可以归纳为激发学生学习兴趣的能力不强问题。假如我们再进一步归纳的话，可以从器械利用情况来分析，属于对器材的合理利用不足等问题。总之，要想确定“是什么问题”，一要分清层次，二要准确定位。

2. ***为什么：原因何在要分明***

在评教学问题的时候，能够点明是什么问题，仅仅是完成了第一步，或最基本的一步。接下来，就要分析是什么原因导致的这一问题。但是，探寻原因的方法是什么呢？也就是说，如何才能挖掘出问题的根源呢？第一，要确定视角，是在一个视角下，还是多个视角下分析。单一视角分析的话，有可能是教师教育教学能力方面，有可能是学生学习与发展方面，还有可能是课堂教学质量把握方面，等等。另外，我们也可以从两个以上视角综合分析，如站在教师教和学生学的双重视角分析问题产生的根源等。第二，要把握层次，是在现象层，还是在本质层。常言说得好，透过现象看到本质。说明现象与本质有着必然的联系，本质隐藏在现象背后，问题在于如何才能看到本质，这是看课的时候需要认真把握的。第三，要依据明确，是依据课标中的基本理念、课程性质，还是依据教材中的具体要求等。原因的查找需要有理有据，这样，方向性就会十分明确。第四，要逻辑严密，是从点到面地找原因，还是从上到下地理思路，或是由浅入深地抓关键。

例如，就前面提到的“评价干扰项”而言，假如我们确定的是单一站在学生学习的视角进行分析，学生练习箱上前滚翻本来就带有一定的危险性，再增加一项自评互评的任务，就必然会影响到学生对箱上前滚翻技术动作的掌握，更增加了危险性。或许，学生对前面的评价表更感兴趣，停留在自评互评表那里的时间无形中会增加，也等于占用了学生练习的时间。再者，学生由于是首次接触箱上前滚翻动作，很难对自己完成的动作做出准确的判断，评价效果自然也就大打折扣。由此可见，在这个环节引入学生评价是不妥的，不仅不能有效促进学生对运动技能的掌握，还难以自评或互评出理想的结果，因为自己还做不好，何谈去判断他人动作优劣。因此，将自评互评环节定为干扰项是不无道理的。假如从现象与本质两个层面来分析的话，就现象而言，属于对学生自评互评的评价方式引入不当问题；就本质而言，属于教师对体育课堂教学中的过程性评价理解、把握不够全面和不够深入问题，未能把握学生自评互评方式运用的目的和最佳时机。教师需要进一步研读课标，全面分析教材和学生情况，否则，就会导致盲目落实课标的现象。

3. 怎么办：解决策略不放松

确定了体育教学真问题，并找到了根源，如果仅此而已，还不足以体现对任课教师的帮助。评课者最好能够顺势提出改进和完善建议，况且问题定位清楚以后，进一步提出解决问题的策略并不是一件难事，关键在于有没有这种意识。该如何把握好这一点呢？

第一，要充分考虑现有条件，不能提出不切实际的解决策略。脱离了现实，再好的策略也无济于事。第二，要充分考虑教师能力，不能提那些让教师通过努力也做不到的策略。这样的话，再好的策略也失去了意义。第三，要明确课程改革方向，不能偏离课程改革主方向而提策略。例如，再回过头来看一看前面我们反复提到的“评价干扰项”，按照一定的逻辑顺序可以这样提出改进策略：（1）可以在学生做箱上前滚翻练习的时候去掉该评价环节，让学生的注意力都集中在完成动作上。（2）假如舍不得去掉这一环节，可以考虑将该环节往后移，等学生练习一段时间以后，基本上能够在同学的保护与帮助下正确完成该动作时，再适当加入学生评价环节也未尝不可。（3）要注意确定评价对象，是教师评价还是学生评价，学生评价是自评还是互评。

基于新授课是带有一定危险性的技术动作的学习，教师应根据对课堂的观察，及时对学生的练习情况进行激励性评价，因为对于新授内容，学生对自己和对同伴的动作做出准确和客观判断的能力还有待提高，自评互评的时机显然需要再向后移。只有这样，教师对学生评价环节的把握才能够更加趋于合理和有效。

三、把握关键点：评体育教学问题的技巧

评体育教学问题，除了要能够看出真问题、评出全面性之外，实际上，要想体现出评课的能力和技巧，还需要重视评课的态度、把握住细节和有所创新。因为，态度决定一切，细节决定成败，创新决定高度。

1. 诚：态度决定一切

在评课的时候，采取什么态度进行评课，对评课效果带来的影响不容忽视。过去，我们在参与评课活动的时候，大概可以将评课态度归纳为以下三种：一种是非常诚恳的态度，无论是评优点还是说不足，都能够抱着对任课教师负责，帮助任课教师解决实际问题的态度去评，便于任课教师更好地提升课堂教学质量，任课教师的受益也会是最大化的。一种是就事论事的态度，即就课的问题而说问题，不是考虑到教师的发展，而是就课本身而评课的问题所在。还有一种就是不太负责任的态度，即对课本身不太负责任，又对教师不太友好。这种评课就会十分犀利，或会夸大问题，或只说明有什么问题，不进行论证说明，更不提出解决策略。持有第三种态度进行评课的话，任课教师的收获也是最有限的，甚至严重者还有可能受到一定的打击等。为此，评课者的态度要诚恳，发现并提出问题，而不是找到问题并批评教师，假如能够以以诚相待的态度去评，评课者的评课水平也会与日俱增，任课教师的教育教学能力也会得到不同程度的提高。

2. 细：细节决定成败

常言说，细节决定成败。评体育教学问题，能够把握细节也是评课能力和水平的体现，对评课活动能否成功开展起着关键性作用。但评体育教学问

题的“细”应如何把握呢？第一，看得要细。能否评得细，与是否看出细小问题关系密切，前者是前提。第二，听得要细。体育教学活动无论是任课教师还是学生，在此期间都会发出不同的声音，教师的讲解、指导、提问、点评，学生的回答、讨论、询问、与同伴交谈等，评课者在看课的时候，都不可忽视这些语言，而且不能忽视语言细节。如一节小学五年级的篮球课，在基本部分即将结束的时候，老师组织了一个接力游戏，每一组最后一名学生完成以后，快速举起手，并口头提示老师本组已经完成。游戏过程中，一个男生自己完成跑到终点以后，就快速举起手并向老师高声报告：“我们到了！我们到了！”老师看到这个学生举起了手，就马上做出判断，这一组是第一名。结果呢，当游戏结束以后，这位小学生告诉另一组的同学说，“刚才我诱骗老师了”。同伴问：“你怎么诱骗的？”他说：“刚才我们组还没有跑完，我就举手了，老师也相信了。”不善于听学生语言的看课者在评课的时候，或许就很难听到这一对话，也难以把握因语言细节而暴露出的问题。第三，评得要细。评课的时候，在体育课堂教学中往往会发现以小见大的问题。评问题的时候，除了要能够把看到的细节和听到的细节评出来，还要能够在评的过程中把握参与评课活动的大家的反应，如眼神、掌声、听评课认真程度、讨论交流的积极性等。当评课者说出某一方面的问题时，大家的反应是否很强烈，有没有反对声音，有没有使大家都屏住呼吸在听你评说等，这些都能够间接反映出，评出的问题受关注程度，是否重要，是否是大家都没有看出的问题。因此，对看、听、评细节的把握，是有效评课的关键。

3. 新：创新决定高度

大家对“创新决定高度”这种提法并不陌生，但如何从评课的角度进一步认识这一共识，我们首先需要了解，评体育教学问题为何要新？其次，是要明确新在哪里？最后，要能够掌握如何新？至于为何要新，这一问题回答起来并不难。如果在评课的时候，能给人耳目一新的感觉，那么不仅能够吸引听者的注意力，引起听者的关注，还能够体现出评课者的能力，同时，还会给大家带来新的启发。谈到新在哪里，无外乎这几个方面：新问题（别人没有提及的问题)、新视角（别人尚未尝试的视角)、新表达（和别人说的方式、内容不同）等。而如何才能评出新意，需要把握的关键是：抢先评，由于是开场，评课者每说出一个方面的问题，如果是大家都还未听到过的，那么大家就会集中精力听这些问题。归纳评，由于是最后总结阶段，大家几乎都说出了教学中的所有问题。因此，最后评的时候，要具有一定的归纳和高度概括能力，将各类问题归属到一个层面上。如有些评课者说的是现象，而有的评课者已经触及了本质，因此要善于归纳，将不同类的评的结果，从同一个层面进行高度概括。换位评，就是要站在任课教师的角度评一评，即采用换位思考的方式。例如，可以说，“假如我来上这节课，这一问题我可能会这么处理……”或者说“假如我是一名学生，我会感觉到箱上前滚翻练习中的自评表很难准确填写”等。由此可见，评体育教学问题的时候，依然需要树立创新观念，提高创新能力，呈现创新结果。

有效评体育教学问题，说起来容易，做起来并不是那么轻松。因为那不单单是能否看出门道的问题，而是对评课者评课能力的全面考验和挑战。过去大多数评课者都习惯于先说说优点，然后谈谈不足，再或有或无、或多或少地谈几点改进建议。这一评课流程大家都已很熟悉，但当我们考虑如何专门评体育教学问题的时候，我们不得不对该问题进行深入的思考。只有把握好看出真问题这一前提，贯彻落实好全面性这一原则，再把握住诚、细、新的关键点，评出客观性、深入性、有效性、新颖性等都将成为可能。下面对评教学问题的方略做一个简单的归纳。

评教学问题的方略

教学问题有真假，　明白是非作用大；
问题呈现有大小，　大大小小都要找；
问题根源有深浅，　分析挖掘是关键；
评析问题结构明，　是啥为啥先搞清；
问题评说显技巧，　真诚细节新不少。

第二章　评教学内容的方略

谈及教学内容，大家马上就会想到教案上写在前面的一大要素栏目，很多教师都会在这一栏中写上主教材内容和辅教材内容。在新课程改革之前，我们还会看到，一些教案在教学内容栏目中写着学习内容、复习内容等。但无论这一栏目中写的是什么，教学内容都是一节课的核心。没有教学内容，教学目标尤其是技能目标就无从设置，教学重难点也难以确定，教学方法更无从谈起。我们在看评课的时候，如何评教学内容？从哪些视角切入？如何判断教学内容呈现的真问题？教学内容与哪些因素关联？评教学内容有哪些技巧需要把握？这些问题都值得进一步研讨。

本章主要从教学内容的概念谈起，分析了教学内容不同于课的内容，并分别就二者的关系做了进一步梳理。还分析了教材分析对评教学内容的辅助作用，以及阐述了看教学内容的切入点决定着评教学内容的视角等。提出了全、实、新等评教学内容应把握的几个关键点，旨在为更有效地评教学内容提供一定的理论参考和方法借鉴。

一、体育教学内容不同于课的内容

关于体育教学内容和课的内容，在备课写教案时经常会用到，但教学内容和课的内容是不是一回事？如果不是，二者的主要区别何在？有没有将二者混淆的现象？通过对大量教案的分析以及与部分一线教师的交流，笔者发现，有些教案有概念使用不准确现象，在该用课的内容的时候，却使用了教学内容。还有些教师认为，教学内容与课的内容没有明显区别。实际上，二者并不完全等同，厘清二者的关系，评课尤其是评教学内容，能够更具有针对性和实效性。那么，二者的差异何在？如何正确使用这两个概念？

首先，教学内容和课的内容之所以不同，主要是二者在范围上有一定的差异，课的内容的范围远大于教学内容，且包含教学内容。课的内容是从课的开始到课的结束的全部活动内容。如课堂常规中的集合整队、安排见习生、检查服装、宣布课的任务与要求等都是课的内容的一部分。主教材和辅助教材更是课的内容，而主教材和辅助教材共同称为教学内容。除此之外，准备部分的准备活动和结束部分的放松活动也都是课的内容，但由于准备活动和放松活动缺乏或很少有教与学的成分，因此，一般不将其作为直接的教学内容。但是，它们确实与主教材内容有关，即准备活动尤其是专门性准备活动直接服务于主教材内容的学习，放松活动的内容和形式，需要围绕基本部分主、辅教材而设计。因此，教学内容范围相对较小，一般定位于基本部分的主、辅教材内容；而课的内容范围大，是课的全部活动内容。

其次，二者在使用上位置不同。从以上分析我们可以清楚地看出，教学内容是只需要填写在教案主、辅教材的栏目上的要素，而课的内容很显然是要放在教案中课的结构后面的栏目上的要素，尽管教案格式有所不同，但是课的内容栏一般都会有。如教案核心要素的格式，有的是课的内容、教师活动、学生活动、组织与要求、时间次数；有的是课的内容、组织教法与要求、运动负荷；还有的是课的内容、教法、学法、组织与要求、时间次数；等等。无论是哪一种格式，大家都看到了课的内容这一核心要素。这里用课的内容而不用教学内容是根据它们的范围大小所确定的，将二者混淆使用显然是不当的。

二、教材分析在评教学内容中具有参考作用

评课，多数情况评的都是观摩课，其中，有的是评优课，有的是研究课等。任课教师都会事先进行教学设计，并撰写一份相对完整的教学设计文本。无论教学设计格式如何，我们都会看到里面有教材分析这一要素。教材分析主要是对所要上的课的主教材的分析，包括主教材的特点，单元课次，该教材的作用，即发展学生哪方面的能力，以及该教材适宜的教法与学法，甚至有时我们还能够看到要顺利完成主教材的学习，匹配了什么辅助教材等。

教材分析的具体内容能够为我们评课提供重要参考。因此，不仅需要在看课前充分了解任课教师对教材的分析，还需要在看完课即将评课的时候，结合所看教学内容实施情况，结合教材分析判断教学内容选择与施教的合理性。例如，某节课主教材内容是原地单手肩上投篮，教材分析中，我们看到了是篮球单元的第四次课，前三次分别学了运球，复习了传接球，学生学习并掌握到了一定的程度，大多数学生能够按照动作要领要求完成运球和传接球技术动作。就投篮技术而言，该节课是学生第一次接触，以前尽管大多数学生或多或少地投过篮，但是大都动作不正确，投篮准确度较低。我们还从教材分析中看到，教师准备通过这节课的教学，让学生初步学习原地单手肩上投篮技术，体验投篮动作。然而，在课堂实施过程中，整堂课下来，教师没有让学生体验一次有篮筐情境下的投篮，而是用大量的时间让学生徒手模仿投篮，仅有少量的时间，让两个学生一组互相练习模仿投篮动作。一来学生不知道真正的投篮的感觉是什么样的，二来学生的兴趣也难以得到应有的激发。因为，篮球运动的兴趣点多集中在投篮上，而学生几乎没有体会到。所以，我们在评教学内容的时候，教材分析会给我们很大的帮助，要充分发挥它的重要参考作用。

三、看教学内容的切入点决定着评教学内容的视角

评课之前都需要看课，没有精准的看课，也就谈不上精彩的评课。也就是说，看不出门道，也就难以评出水平。但具体到看教学内容的时候，应从哪些角度切入更便于评呢？从以前人们在评教学内容的过程中，笔者聆听到：有的人说“教学内容的选择与搭配比较合理”；有的人说“教法的选择符合教材特点”；还有的人说“男生对该内容的学习比较感兴趣，而女生的积极性不高”；我们还听到过有人评课时说“准备活动未安排专门性的练习”；等等。诸如这些评课的语言和评出的内容说明大家都是围绕教学内容在评，只是不同的人评的视角不同，是属于单一维度的评课。这也与他们的看课视角的选择有较大的关系。

为了使评课者能够多维度全面而系统地评教学内容，我们首先需要了解看课都可以从哪些视角把握教学内容，如何从多视角看教学内容的实施过程，并从中把握存在的若干现象或问题。看教学内容的时候，我们不能直接从基本部分看起，这样的话，就难以把握教学内容的前后搭配和辅助作用，也难以听清任课教师对教学内容的导入技巧等。

看教学内容的视角多种多样，从时间上来看，从课的开始部分，我们心中就要绷起看教学内容的这根弦。既要看一看教师是如何宣布教学内容的，对教学内容的学习提出了哪些要求。还要看一看教师是如何导入的，用什么内容和形式导入主教材，这实际上是看教学内容的开始。除了基本部分作为看教学内容的主要环节之外，准备部分和结束部分也不可忽视观看和聆听。直到最后结束的时候，教师都会进行一个长短不一的小结。总结的时候，任课教师也主要会对主教材学习的情况进行归纳。因此，从时间切入，看教学内容会贯穿课的始终。从形式上来看，我们需要看一看该堂课都采取了哪些形式让学生学习教学内容，既包括组织的形式，也包括学习的形式。当然，在这个视角下看教学内容的时候，我们需要重点留意准备活动形式、放松活动形式和基本部分内容呈现出的形式。如放松活动采取的是音乐伴奏下的舞蹈形式，而主教材的内容是排球的垫球，很显然，我们看到放松活动形式与主教材学习内容不匹配。从过程来看的话，主教材内容是如何一步步通过教师的教、学生的学与练达到从不知到知、从不会到会的过程。尤其是对于具有一定复杂性的内容，学生在学习时，教法不同，学习效果就会不同。有些教师注重从简单到复杂，从徒手模仿到实际操作，从看、听、思、记，到练与赛等的程度组织教学。运动技能形成要经历泛化、分化、自动化的过程，在每一个阶段的教学，教师是否遵照了这一规律，都说明教学内容在教学过程中的一步步呈现是否合理。总之，看课切入的方法十分多元，这些切入方法，直接影响到评教学内容的视角选择。评教学内容的时候既可以从一个视角也可以从多个视角展开。

四、“全、实、新”是评教学内容应把握的关键点

无论教学内容类型相同与否，不同的课堂内容呈现形式会有所不同。因此，在评课时不仅要把握住不同点，还要注意把握全、实、新的评课关键点。但究竟如何将教学内容评得深入、具体，并显现出评的水平呢？下面从三个方面逐一讨论。

1. 全：评教学内容把握范围上的“全面性”

当我们专门评教学内容的时候，不仅要评主教材内容，还要评对主教材起辅助作用的内容，还要评与主教材相关联的内容，否则，就难以体现出全面性。这样一来，我们既能够把握主教材在课上的传授情况，尤其是教与学的过程与效果，又能够进一步了解为了使主教材内容在课堂教学中充分发挥作用，达成预设的目标和突破所确定的重点、难点等。那么，我们该如何体现评教学内容的全面性呢？

首先，要能够充分挖掘主教材内容相关要素及其与主教材内容的内在联系。几乎每一节课上都会有一项主教材，但是主教材内容要传授给学生，并非只要有主教材自身就能够达到目的，而是需要更多的要素共同发挥作用。通过梳理可以发现，体育教学中与主教材内容相关联的要素，有辅助教材，如素质练习、游戏等；有服务内容，如专门性准备活动内容、有针对性的放松活动内容等；有场地器材等相关环境条件；有实施内容的适宜教学方法；还有学生的身心特点及兴趣爱好对教材的影响作用；等等。这些要素都是以主教材内容为核心的，是与主教材由近及远地发挥着各自的功能和价值的要素。

其次，要在全面、细致观察各要素发挥作用情况的基础上，巧妙地评出主教材内容及相关的各要素。而且评的时候还要注意先找到一个逻辑主线，不能过于宽泛地单一说各个要素，而是要通过明确的主线将各要素与主教材内容关联起来。例如，评场地器材关联要素时，我们可以根据观察到的具体情况，表达出这样的评课语言：该课对场地器材的使用不利于主教材内容的

学习，尽管在课前教师也自制了辅助练习器材，但是对辅助器材的利用并没有提高学生学习主教材内容的效率，相反，由于安全隐患的存在，增加了学生的恐惧心理从而影响了主教材内容的学习。又如，评教学方法关联要素时，要看一看教学方法的选择是否有利于与教学内容的准确对应。如果不是，说明方法的选择脱离了实际内容，因为没有内容的方法是无法衡量其效果的方法，脱离方法而单独谈内容也是毫无意义的。

2. 实：评教学内容把握语言上的“真实性”

说真话、讲实事，不仅是做人的最基本准则，在评课的时候，也要有所体现。有些人在评教学内容的时候，只习惯于用赞扬的语言评说内容的选择与搭配的合理性，表达出了内容与学生的身心特点如何一致。还有的人会评出教师对教材的处理如何得当，等等。实际上，对于真正会评课者而言，仅仅从大的方面说内容的选配和处理还远远不够，我们更要围绕内容评出细节，要能够分析出教与学的环节，教学内容存在的突出问题。假如我们没有评教学内容存在的问题的意识，就很难发现其真实问题，或许只是停留在表层，看到的只是内容的搭配和处理上的合理性。

然而，该如何发现内容问题，并巧妙地用真实的语言评出问题存在的根源呢？首先，我们在观察的时候，就要能够看出主教材内容是不是适应于全体学生。假如不是，有多少学生比较适应，而又有哪些学生不太适应，为什么？其次，在评教学内容的时候，我们要能够分析问题存在的根源，并能够提出改进的策略。例如，七年级的足球课上，男女生都学习足球头顶球技术。在学生做练习的时候，大部分女生都有偷懒现象，甚至有些女生在一开始学习时就只是站在一旁观看。相反，男生学习的积极性却很高，练习的次数不仅多，而且掌握动作的速度比较快。课堂上学习这样的技术动作的时候，从男女生反差较大的学习行为中可以看出，女生学习头顶球技术是不适当的。再追溯的话，教师在确定教学内容的时候，就应该考虑男女生因性别差异而存在兴趣爱好不同的情况。假如是足球课，男女生的学习可以各有侧重。例如，头顶球技术，课上安排男生的练习可以多于女生，或者女生学习不同的运动项目，如健美操。这种既指出问题所在，又能够分析问题根源，还能提出改进建议的评教学内容的方法，才是真实且完整的。

又如，在一节高中一年级的足球课上，课的结束部分没有安排放松活动，小结以后就直接下课了。一节课上学生做了各种奔跑着踢球的练习，在课的结束部分如果不安排适当的放松活动，就会不利于学生身体的恢复，对于个别平日缺乏运动的学生而言，还很有可能造成一定程度的疲劳。从表面上来看，这节课是缺乏放松活动，但问题在于常规内容不完整，主教材的学习缺乏有针对性的积极的放松，即教学内容实施过程不完整，导致的结果是不利于学生身体恢复或容易产生疲劳。因此，我们在评课的时候，不仅要指出缺少放松活动这一现象，还要能够分析原因和后果，不仅要提出要有充足的放松，还要有有针对性的放松的合理化建议。有些课在结束部分有放松活动，但只是在走过场，根本发挥不了放松的作用。这样的放松，在评的时候，也要及时地指出问题所在，并提出建设性改进意见，要能够让任课教师和其他听评课者认识到这一问题也是需要引起高度重视的，形式化的放松也依然存在内容辅助作用不能发挥的问题。

除此之外，结束部分的小结，需要对主教材内容学习的情况尤其是效果进行归纳，即对如何进行小结的，在小结的时候对主教材的学习是一种什么认识，学生掌握情况如何，教材重点的强化和难点突破结果如何等，都需要做全面的归纳。评课的时候，可以结合任课教师小结的情况对全面性和深入性做出评判，这有利于教师更好地把握小结的正确方法。

3. 新：评教学内容把握形式上的“新颖性”

评教学内容如何体现新颖？一方面体现出评教学内容的形式与众不同，另一方面评教学内容的深度与他人明显有区别。评的过程与效果能够不同程度地让人眼前一亮。但如何才能达到新颖呢？首先，要有创新评教学内容的意识，善于打破常规，选择新的视角呈现评的内容或用不同的表达方式展现出评教学内容的结果。其次，要有创新评教学内容的具体方法。例如，他人评的时候是从课的开始到准备，再到基本和结束各部分依次评教学内容在课堂教学中的呈现合理与否。而我们评教学内容的时候，假如依然按照这一逻辑顺序，显然是重复的，且无新意。因此，可以换一个角度，以基本部分主教材内容为核心，围绕这一内容考虑其他内容与其搭配的合理性，选择的教学方法与内容的匹配度，场地器材的使用与主教材内容的适应性，评价方式与内容施教的促进性，等等。这样的评内容方式，不仅换了一个角度，而且没有脱离内容这一主题，是通过体育教学中的相关联因素反映出教学内容选配与呈现的合理程度。最后，要有一定深度地评教学内容施教过程，即按照“是什么、为什么、怎么办”的思考问题的逻辑，逐步深入地分析内容的合理性。例如，教授箱上前滚翻的时候，老师安排了一个学生自评互评的评价环节。通过观察，笔者发现学生在箱上做动作的注意力不够集中、完成动作的质量存在一定问题，这时笔者就不得不思考这种现象是什么原因造成的。通过思考笔者发现，是因为在完成动作后即刻就要到前面设置的评价表上进行自我评价，学生在箱上完成动作的注意力就会分散，很自然地，完成动作就变得很草率。通过分析可以得出结论，在新授课主教材练习期间，要尽量避免让学生接连完成两项新任务。评价环节设置时机过早，就会影响主教材内容的学习效果。因此，建议将评价环节删除或延后几节课再安排。

体育教学内容无论搭配是否合理，也无论具体落实的时候受到哪些因素的干扰，我们在评的时候，除了就事论事，评述主教材内容在具体实施过程中是否存在问题，是什么问题，还要全面系统地分析根源，找到解决的策略。也就是说，评课要有一定的深度、广度和新颖性。否则，评教学内容就难以突显技巧和更有实效。下面对评教学内容的方略做一个简单的归纳。

评教学内容的方略

教学与课有不同，　内容指向要分明；
教材分析要研读，　评说内容把握住；
内容评析水平高，　切入方法很重要；
评课内容把握全，　语言诚恳是关键；
表达形式多又多，　新颖有趣客观说。

第三章　评教师示范的方略

体育教师的专业技能水平有高低之分，示范效果也不一。评课的时候，就教师的示范而言，有不少教师关注示范的位置、示范的标准、示范的效果等，而且大都是从优缺点两个方面评教师示范的。实际上，要想深入、全面且巧妙地评教师示范，还有诸多值得探讨的问题。

体育课上教师的示范无论是示范形式还是示范效果，都存在很大的差别。但是面对体育课上各种各样的示范，评课的时候如何巧妙地把握？本章主要从体育课教师示范若干现象谈起，提出了评示范要把握的前提，重点分析了从学生的学、教师的教和课的实施三个不同的视角评教师示范的有效策略，旨在为更全面、深入、合理地评体育课上的教师示范提供一定的参考。

一、难起效：体育课教师示范若干现象

体育课上教师所做的示范无论从形式上、还是从效果上，都有着不同的表现。有的效果非常明显，学生通过观察教师的示范能够感受到正确的积极引导作用，但有些示范却存在不当的问题，下面就影响效果的主要现象做进一步分析。

1. 示范动作错误现象

体育课上的示范要尽量避免错误，因为示范错误不仅不能对学生的学习产生正确的引导，而且不利于学生运动兴趣的激发。同时，教师在学生心目中的威信也将随之降低。但是，体育课上的错误示范却时有发生。例如，有教师在站立式起跑示范时，出现手脚一顺儿的错误现象；在篮球的双手胸前传接球示范时，接球时的手指错误，正对来球方向；等等。无论是何种运动技能的学习，凡是出现示范错误，就很难在评优活动中取得好的名次。而且这种评判结果很少会产生歧义，言外之意，大家都能够认同或接受对示范错

误者的近乎一票否决的评判结果。因此，示范错误在体育教学中是一定要避免的。

2. 示范动作失误现象

体育教师在课堂上做示范，除了有错误示范，还有些是教师未能完成完整的示范，或在示范过程中出现失误。造成失误的原因，并非教师不知道如何做正确的示范，而是由于其他某种原因导致失误。例如，一位教师在体操技巧手倒立示范的时候，未能倒立成功，由于用力蹬地过猛出现平身摔倒现象，引来学生一阵笑声。又如，一位教师在做跳山羊示范的时候，由于手扶山羊的位置不准确，将山羊推倒，出现“人仰羊翻”现象。假如说示范错误是教师对基本技术未能掌握的话，示范失误或许可以归结为教师未能掌握运动技能，或掌握技能尚未形成动力定型，改变环境或心境的时候，难以完成规定的完整示范。这种现象比错误示范更多见，尤其是遇到教师传授其非专业的技能时，示范失误概率会更高。因此，为了避免出现示范失误现象，教师也要不断地加强练习，力求使教学所涉及的运动技能达到自动化程度，从而才能真正地发挥示范作用。

3. 示范位置过远现象

即使体育课堂上的示范没有错误、无失误，也并非都能达到一定的效果。倘若示范位置过远，学生难以观察到教师示范的过程和细节，示范作用也难以发挥。例如，一位教师在做前滚翻示范的时候，把学生的练习垫子摆放成扇形，本来是为了便于学生观察。但是，教师在示范的时候，学生一个个蹲在垫子的一端，远离教师，观察教师示范的距离约 20 米，可想而知，除了前排的学生似乎能够观察到教师的示范动作，后面几排的学生都难以看到教师的示范动作是如何完成的。又如，一节小学的跳远课，任课教师设计的是让学生跳垫子替代跳沙坑，并将示范垫子摆放在距离学生较远的位置。结果学生不仅难以看清教师助跑与踏跳的衔接动作，也难以看清落地的收腿姿势。学生在观察这种示范后的练习中，显然对该技术的认识依然模糊，也就很难掌握技术动作。因此，示范位置过远现象也要尽力避免。示范位置过远现象如图 2-3-1 所示。

图 2-3-1 示范跳远的位置过远

4. 示范位置过偏现象

有些教师在体育课上做示范的时候，未出现错误、失误或示范位置过远现象，但是却出现了示范位置过偏现象，同样达不到应有的示范效果。例如，在一节实心球课上，任课教师做示范的时候，让学生与教师同排蹲立，每人手持实心球，准备向后抛出，教师事先做一次示范，但是，由于教师蹲立的位置过偏，示范的全过程几乎没有一个学生能够观察到，更不用说看清示范的方法了，这种示范显然是无效的。又如，一节 50 米途中跑课，教师在跑道上示范的时候，学生成四列横队，让前两排学生蹲下，便于后两排学生观察教师的示范动作。可是，学生蹲立和站立的方向却与教师的示范位置垂直，且教师沿着排头学生的位置向远离学生的方向跑出，假如学生不转身或转头自行调整的话，几乎所有的学生都难以观察到教师的示范。这些过偏的示范位置，不便于学生观察，学生也就难以掌握动作方法。示范位置过偏现象如图 2-3-2 所示。

图 2-3-2　示范后抛实心球的位置过偏

5. 示范视线阻挡现象

体育课上的示范，除了要注意位置适中，还要考虑是否有器材挡住了学生观察示范的视线。假如有遮挡现象，也无形中给学生的观察带来了一定的负面影响。例如，在一节小学四年级的跳高课上，教师并排摆放了 8 组跳高架和海绵垫，教师的示范器械摆放在了学生使用器械的正前方靠中央位置，按说从场地器材的布置上来看，是较为合理的。但是，当教师示范的时候却发现，任课教师让学生站在了 8 组器械的另一侧。也就是说，在教师和学生之间，是一排器械，教师示范的时候，一副副跳高架不同程度地影响着学生的观察，显然，示范效果会受到一定的影响。又如，一节健美操课上，教师把“课课练”部分要使用的自制器械（沙瓶）摆放在师生之间，后排的学生都几乎看不到教师的脚步动作，显然，上下肢的配合也难以观察清楚。因此，教师在做某项技术动作示范的时候，要确保学生的观察视线不受任何物体的干扰。

6. 示范缺乏指导现象

实际上，我们平日看到的体育课上的示范，尽管不出现以上几种现象，有时，也依然达不到应有的效果。究其原因，教师的示范存在着单纯走流程现象，即为示范而示范。也就是说，在完成示范教学环节时，不是为学生的学习而示范。这样的示范，很容易出现即便学生认真观察了，也难以会看、看懂、看会的问题。因为教师示范的时候缺乏对学生观察方法的指导。例如，一节高一年级的篮球单手肩上投篮课，教师讲解之后，告诉学生："同学们，下面老师给大家做个示范，你们一定要认真观察。"学生听到这种提示以后，开始认真观察教师的示范动作。可是，由于教师没有明确进行观察法的指导，结果大部分学生听了教师要做投篮示范以后，大都把目光直接集中在了篮圈上，在等待观察教师是否将球投进。显然，这种示范存在着走流程的现象，学生不知道先观察什么、后观察什么，而是根据篮球运动的兴趣点，都在观察投篮的结果，这样的示范是难以达到完美效果的。

除此之外，在少数课上，还出现需要用器械的示范，教师却不用器械（如篮球投篮完整示范不用篮球、排球垫球完整示范不用排球），甚至教师不做示范等现象，这或许与教师所掌握的运动技能水平有限有关（除徒手示范外）。但无论如何，一旦教师在课堂上做示范，而且有必要做示范的时候，就要力求发挥示范的作用。

二、会观察：评体育课教师示范的前提

基于前面谈到的体育课上有可能发生的若干现象，为了能够促进评教师示范的效果，有必要谈一谈对体育课上教师示范的观察方略。在评教师的示范之前，只有会全面、系统、深入地观察示范的内容、过程、形式、方法和效果等，才能准确无误地评出示范的真问题和好经验，然而，该如何观察示范呢？

1. 了解示范的内容与过程

在体育课上观察教师的示范，首先是要能够通过教案了解教师在课上要做什么内容的示范，以及充分把握示范的过程。有了这样的了解和充分的把握，在观察课堂上示范的时候，才能更具有针对性和实效性。我们可以通过浏览教案，获悉主教材的内容，即学生要在该次课上学习什么技术动作。这

一技术动作的学习，往往是需要教师示范的。例如，主教材如果是要学习篮球的原地单手肩上投篮技术，课上教师会或多或少，或徒手或持球地做该项技术的示范。即示范的内容可以通过教案上的基本信息了解到。再通过查阅“教师的教”栏目中的具体教学步骤与方法，可以进一步把握示范的过程，在哪里开始做示范，在主教材学习阶段安排几次示范，在开始部分的时候有无提前激发兴趣的示范，在课的结束部分小结的时候有无回顾总结性强化对动作认知的示范。假如能够在看课前事先对这些示范信息有所了解，观察示范时就能够不失时机，且较为全面地把握示范的效果。

2. **观察示范的形式与技能**

体育教师在课堂上所做的示范，不仅有不同的形式，还能反映出具有一定差异性的示范技能水平。而这些都是可以通过观察课堂示范捕捉到的。然而，该如何观察示范的形式，如何观察出不同的示范技能呢？我们需要了解示范大概有哪些形式。从与讲解的搭配上来看，有只做不讲的独立示范，有边讲边做的整合示范；从示范对象来看，有教师独立的示范，有师生合作的示范，也有让学生单独完成的示范；从示范正误取舍来看，有只做正确示范，有正误对比示范；从示范完整性来看，有分解示范，有完整示范；从示范难易递进关系来看，有先易后难的示范，也有先难后易的示范；从器材使用情况来看，有徒手示范，有器械示范；从示范人数来看，有单人示范，有多人一起示范；等等。基于对以上示范形式的多样性和多视角归纳，在看示范的时候，就能够多一些思考和判断。当然，有的形式是相互交叉的。例如，教师独立示范的形式，既有可能是做的正确示范，也有可能做了正误对比示范等。由此可以提示看课者，在看到示范环节的时候，在形式上要能够从多个视角观察与判断示范的结果。几种示范形式如图 2-3-3、图 2-3-4、图2-3-5所示。

同时，我们还可以根据示范的具体情况，看到教师示范技能水平的高低。前面所谈到的示范不良现象，都可以归纳到较低技能水平的示范之列。相比较而言，中等技能水平的示范，就可以在观察的时候发现，教师虽然正确地

图 2-3-3　教师做快速跑示范

图 2-3-4　教师讲解，学生配合示范莱格尔跑

完成了示范动作，且位置适当，但是，由于未能关注对学生观察法的指导，因此，可以称其为中等技能水平的示范。高技能水平的示范，主要体现在示范效果上，教师的示范能够同时考虑到学生的观察方法是否正确，并能够及

图 2-3-5　学生配合教师示范足球传球技术

时正确地给予引导，又能结合学生观察中出现的特殊情况，做出示范方式的调整等，其效果则会很可观：学生看见了、会看了、看懂了、看会了。接下来学生练习的时候，能够基本正确地完成动作，即便是按照运动技能形成规律出现错误动作，也不会十分突出。

3. 聆听示范的提示与效果

教师的示范，往往会有一些语言相伴，大都是放在示范之前作为示范提示。但大多数教师习惯提示学生："同学们，下面老师给大家做一下示范，你们一定要认真观察。"从这样的提示语中，我们获取到的信息，无疑就是提醒学生们下面到示范环节了，让他们注意观察。但是，这样的提示与不提示没有太大的区别，因为教师并没有告诉学生如何观察他的示范。对于会观察的学生而言，或许无需过多的关于方法的提示就能达到一定的观察效果；而对于那些不会或不善于观察的学生而言，教师示范的作用就很难在他们身上有所体现。因此，教师的提示如果不到位，甚至没有提示的话，示范环节不但占用了宝贵的时间，而且还发挥不了应有的作用。体育课上聆听提示语的时候，要能够区分提示的程度：是否有方法的指导，是否有针对性的引起注意的要求。关于有观察法指导的示范，例如，一节小学肩肘倒立课，教师示范之前提示学生：一要看手是否压垫；二要看手指尖朝向；三要看还原姿势。这样的提示语显然有明确的观察法指导。学生听了这样的提示，都能够把握住需要观察的关键技术环节。有观察法指导的肩肘倒立示范如图 2-3-6 所示。

图 2-3-6　有观察法指导的肩肘倒立示范

同样，示范的效果除了通过提示语能够预估到以外，实际上，教师示范结束以后，通过看学生的眼神、表情、动作或听学生的声音等，都能够初步判断出教师示范的效果。例如，一节软垒课，在开始部分，教师就做了一个漂亮、优美、标准的击球示范，学生看了示范以后，先是异口同声地发出了“呜啊！”的惊讶声，随后，学生们又一同给出热烈的掌声。教师问：“同学们，想学吗？”大家一起高声回答：“想。”教师又问：“想比老师打得更好吗？”学生还是以一个响亮的“想”字回应了教师的提问。我们不难看出，这样的示范，充分调动了学生学习的积极性，激发了学生对软垒的兴趣，说明示范效果比较明显。当然，也有虚假示范效果现象，多发生在教师示范前向学生要掌声的情形下。例如，有一节小球操课，教师在示范之前，在提示中加入了这样的语言：“同学们，如果老师做得好，希望能给老师一个掌声。”结果，教师示范以后，学生们都给了热烈掌声。实际上，这种示范效果，假如不提出要掌声，学生自然也会给的，因为示范动作确实十分优美。课堂出现这种现象，多数是因为教师的自信心不足导致的。显然，我们通过聆听提示语和全面把握学生观察示范的反应，就能够初步判断示范的真实情况。

三、有技巧：不同视角评教师示范的策略

过去，看课者评教师示范的时候，很少有专门就示范进行点评的，大都是将示范作为评课内容中的一部分来评说。如果示范效果明显，可能作为优点来评；如果示范确实存在某种问题，可能就会直接或间接地指出示范的问题及根源所在，有的还会进而提出有针对性的改进策略。但是，当我们专门评体育课上教师示范的时候，就不能只是泛泛地评说优缺点，而是要多角度、全方位、深入地评析示范的合理程度及效果呈现情况等。

1. 从学生学的角度评教师示范的效果

看示范的方法和结果，决定着评示范所能达到的全面和深入程度。当我们从学生学的角度来评教师示范的效果时，大致可以从以下几个方面展开。第一，评一评教师在示范的时候，究竟有多少学生在观看示范，以及观看时的精力集中情况，那些不看的或边看边溜号的学生在做什么，分析为什么会出现注意力不集中现象。第二，评一评学生对教师示范前的提示语的反应情况，有多少学生在按照教师的提示认真观察，观察中学生都有哪些语言和行动。第三，通过学生观察后做练习的情况，评一评观察示范的效果，是不是有学生不知道教师要求做什么，不知道如何做，或提出让教师再为自己重做示范的要求等。假如出现学生在观察中走神的情况，有可能是教师在示范前提出的观察要求不够明确，还有可能是教师的示范未能吸引学生的注意力，但也有可能是学生的学习习惯不良。假如在做练习的时候，发现大部分学生不能按照教师的示范模仿完成动作，或许是教师的示范位置不够适当，大部分学生未能观察清楚示范动作。如果大部分学生都做出了错误的动作，或许是教师自身的示范不够准确，学生跟随教师做出了错误的动作。如前面谈到的站立式起跑一顺儿的错误示范，结果学生在练习的时候，无一例外地都按照教师的错误动作做了“准确”的模仿。由此可以看出，根据学生在观察示

范和练习中的种种反应，都能够推断出教师的示范效果。好的示范过程与示范标准的把握，能够激发学生较为强烈的学习欲望，并能做出积极的反应。差的示范，学生的反应也自然是与之对应的，诸如溜号、动作错误等。学生观察示范中注意力不集中如图 2-3-7 所示。

图 2-3-7　教师示范立定跳远动作时学生未认真观察

2. 从教师教的角度评教师示范的能力

如果看示范的效果，我们选择了从学生学的角度来把握，那么，我们还可以从教师教的角度分析教师的示范能力。过去，我们会以是否掌握了运动技能，以及运动技能水平高低来判断教师是否具有真本事。而现在，这种认识有待进一步改善。实际上，能否把自己所掌握的运动技能传授给学生，这才是教师教学能力水平高低更准确的评价标准。教师在体育课上，不仅要会做某项技术动作，还要有技能体现，更要把规范的技术和高超的技能传授给学生。就教师的示范而言，示范的能力主要体现在以下几点：一是示范是否准确无误；二是示范时机是否恰到好处；三是示范前的提示语是否具体到位；四是示范的方位是否合适；五是示范中是否关注学生的反应；六是是否对示范效果做出判断并及时调整。过去我们谈教师示范的时候，可能大都会集中在：采取的是哪个方位的示范（正面、背面或镜面），示范是否正确等。实际上，新课程改革以后，为了能够很好地贯彻落实课程基本理念提出的“帮助学生学会体育与健康学习”，我们不得不与时俱进，把示范的能力进一步提升为：不仅要看学生看没看、看懂没看懂、看会没看会，还要强调学生会不会看，这些都是评判教师示范能力的标准。因此，在评示范的时候，我们也就不能只是对教师示范位置、形式、内容等做出好与差的简单判断，还要评教师对示范所能达到综合效果的驾驭能力，这种能力的差异性，也是教师会不会教的一个很重要的分水岭。因为教师示范是教师教的要素之一，示范能力强弱区分的关键点，在于是否让学生掌握了观察示范的方法。目前，能够体现出这种示范实效性的教师的数量还有待增加，并且还需要教师们转变对示范的认识。只有充分认识到学生掌握观察方法的重要性，才能在示范的时候有观察方法指导的具体体现。同时，我们也能够把握“能做示范”（单纯完成动作）和“会做示范”（关注学生的学法）两者之间的本质区别。

3. 从课的实施角度评教师示范的时机

当我们提及课上的示范时机时，大家或许会不约而同地想到基本部分主教材教学环节的示范。实际上，从课实施的全过程来看，示范不一定都集中在这一环节，我们不仅需要拓宽最佳示范时机的范围，还需要结合课的不同环节的实施效果，灵活把握不同内容示范的时机。就主教材规定要学习的专项运动技能而言，示范从基本部分可以向开始部分和结束部分延伸，前面我们已经谈到了示范所能发挥的激励和回顾强化作用。另外，即便是基本部分主教材学习期间的示范，也需要判断是做一次示范还是多次示范。课的实施过程中，假如一次示范就足以达到效果，也就不需要做出重复性示范。但是，很多情况下并非如此，往往根据课堂观察到的教学效果，需要教师多次示范。假如我们在看课时，发现需要多次示范的却未能如此，而不需要多次示范的却反复示范，评课的时候，我们都可以将其作为问题一并提出。另外，体育课上除了主教材运动技能的学习需要教师做示范外，有时复杂的或专项的准备活动、不熟悉的游戏比赛方法等也需要教师做示范，以便达到更好的教学效果。

总之，评示范的时候，不仅要了解当前体育课示范中存在的若干现象，还要掌握看课时观察教师示范的有效方法，更要有评示范的技巧，并能够从不同的角度对示范动作的优劣、示范水平的高低、示范效果的好坏等做出分层、分类的评判。能否深入分析示范问题产生的根源，提出促进教师完善示范的合理建议，也是区分评示范能力强弱不可忽视的重要标志。下面对评教师示范做一个简单的归纳。

评教师示范的方略

示范问题有很多，错误失败有偏颇；
评说示范有前提，认真观察法不离；
观察示范看效果，学习角度不为错；
示范评判有技巧，角度把握最重要；
能力效果都要评，示范时机要分明。

第四章　评学习方式的方略

体育新课程改革以来，在越来越多的体育课上，任课教师开始采用新的学习方式培养学生的学习能力。然而，在将新的学习方式引入的过程中，有些课堂却出现了假自主、假合作、假探究等形式化现象，不仅不能给体育课堂带来积极的正面作用，还会不同程度地影响学生学习的效果。由此，在评学习方式的时候，就要力求避免被虚假的学习方式蒙蔽，要能够将选用的学习方式中的真问题剖析出来，并能够找到问题的根源，以及解决的有效策略。然而，如何通过细心观察看出学习方式选用中存在的真问题？如何巧妙地评学习方式？本章重点就以上问题展开讨论。

学习方式不同于学法，是学法的上位概念。准确评学习方式，需要首先了解学习方式在体育课堂教学选用过程中存在的若干现象，并确定好评的视角，把握评学习方式的关键。研究表明，目前的体育课堂中，学习方式在选用上未表现出清晰的依据，在对体育学习方式的认识上还存在一定的误区，而且在使用学习方式的时候，或多或少地有极端化现象。在确定评学习方式的视角上，不仅可以从表现性上了解教案中的学习方式文本呈现的形式与内容，还可以评体育课堂教学过程中教师在学生采用某些学习方式进行学习时所发挥的引导作用，或是直接从实效性上评学生在学练中的学习方式操作过程与结果，抑或从教材的角度评学习方式选用的针对性，等等。评体育学习方式应把握的一个关键就是观察、分析并确定是否体现“真”字，如是否是真自主、真合作和真探究。

一、体育学习方式选用中的若干现象

体育教学中学习方式的选用，不仅要有科学的依据，还需要有正确的认识，更需要明确选用不同学习方式所能够达到的效果。可是，在实践中却存在这样或那样的现象，致使教学的有效性受到影响。

1. 学习方式选择依据不清现象

体育课堂教学选择什么样的学习方式既与教材有关，还与学生的学习基础及学习特点有关。但是，从诸多体育课堂上所呈现的方式不匹配、对象不适宜和效果不明显的现象可以看出，有些教师在选择和确定采用什么样的学习方式方面缺乏明确的依据，带有一定的随意性。例如，一节小学二年级的跳单双圈课上，本来该教材内容十分简单，基于该年龄段的学生的学习能力和身心发展特点，通过一些趣味游戏等形式，在调动学生参与学习积极性的同时，提高其跳跃能力，从而达到较为理想的教学效果。可是，任课教师却莫名其妙地采用了让学生分组探究的方式，组织了多次扎堆探究学习的环节，结果学生既探究不出实际的效果，也影响了跳跃能力提高的练习，体能素质的提高也自然受到了一定的影响。

2. 学习方式认识存在误区现象

新课程改革以后，自主、合作、探究学习方式引入体育课堂，培养学生自主、合作、探究的学习能力越来越受到人们的重视。但是，在对体育学习方式的认识上，很多课堂都明显反映出，教师在采用什么样的学习方式，以及如何使用最佳学习方式上存在一定的认识误区。有些课堂，把一般的分组练习当作合作学习，把放羊式的绝对自由当自主学习，把简单的问答式或一般的讨论当作探究学习，等等，这样的认识显然是走进了误区。在这种认识支配之下，体育课堂上培养学生的学习能力也就难以实现，一定程度上还很有可能导致教学效果偏离目标。如，有些课堂采用放羊式教学，看似给了学生自由支配的时间和空间，但由于学生在“一个哨子两个球，学生老师都自由”的状态下，既不能达成掌握运动技能的目标，也难以使体能素质得到应有的锻炼和提高。因为在这种形式下，对体育有较为强烈爱好的学生，可能在自由状态下能够活动起来，而那些尚未养成锻炼习惯，未产生浓厚兴趣者，会趁机做自己喜欢或愿意做的其他事情，甚至走出操场，走向教室，离开阳光，完全没有了体育课的学习行为和效果。为此，走出认识误区，准确、有效选用学习方式尤为重要。

3. 学习方式使用走向极端现象

体育新课程改革以来，尽管《义务教育体育与健康课程标准（2011 年版）》在实施建议部分，明确提出了：有效运用自主学习、合作学习、探究学习与传授式教学等方式，引导学生在体育活动中，通过体验、思考、探究、交流等方式获得体育与健康的基础知识、基本技能和方法，培养应对问题、自我锻炼、交往合作等能力，开展富有个性的学习，不断丰富体育活动经验，学会体育学习和锻炼。但是，现实中的课堂却不一定能够具体落实课程标准的教学建议。要么是冲破底线的完全“放羊”状态，学生在体育课上难以学到知识、技能和方法；要么是教师仅仅利用过去一贯采用的“传授式教学”单纯地走教学流程，主宰整个课堂，致使学生在体育学习中缺乏“体验、思考、探究、交流”的机会。这些两极分化的现象，不利于学生养成良好的学习习惯，难以培养学生自主、合作、探究学习能力，“学会体育学习和锻炼”也难以体现。为此，在学习方式的使用上，教师需要转变观念，提高认识，研读课标，有效施教，从而消除学习方式使用过程中的极端化现象。

二、评体育学习方式的多元视角选择

评学习方式的视角十分多元。从不同的视角切入评体育学习方式，都能够归纳学习方式使用的经验和问题所在。下面从教案、教师、学生和教材四个方面展开，讨论多元视角的选择与切入方法。

1. 从教案文本评学习方式的“表现性”

无论在体育课堂上选用何种学习方式，按照常理，都应该在教案上有所体现，要么写在“师生活动”要素栏中，要么在“组织与要求”部分。假如只是在课堂上见到了采用某种学习方式，而未能在教案中体现，那么多数情况下，课堂上的运用会带有一定的随意性，说明这种学习方式未经过精心设计。因此，通过看教案上是否有学习方式使用环节的文字，就能够初步判断学习方式选用是否随意。学习方式在教案上的表现通常有几种情况：一是丝毫没有呈现，既看不到具体的某种学习方式的名词，也没有具体的环节定位，即“全无型”；二是仅仅有某种学习方式名称的提及，而没有具体的操作步骤和方法，这种情况可以归结为“半有型”；三是不仅有学习方式名称，还有具体的学习方式在教学中的操作步骤，这可以称为“规范型”。例如，在教案的教学步骤与方法要素栏中，提及了“自主学习”，并在接下来的具体方法描述中，进一步说明了哪个环节采用自主学习，以及自主学习的内容和具体要求。学习方式在教案中的不同表现，一方面说明任课教师对学习方式选用的重视程度，另一方面反映出对规范的教案文本格式与内容的把握水平。

2. 从教师施教评学习方式的“引导性”

体育学习方式尽管是学生学习的方式，但是从教师施教的情况也可以反观学习方式选用是否合理。从教师施教的角度评学习方式，主要看教师在施教过程中引导作用发挥的情况，这能反映出教师对学习方式的理解和把握程度。对学习方式的引导性主要体现为三个方面：一是在安排学生运用某种学习方式进行体育学习的时候，教师完全不进行引导，让学生自我控制。这种情况下，学生运用某种学习方式进行学习的效果不佳。二是学生在学习之前教师提出了要求，但学习过程中教师未能发挥引导作用，在采用某种学习方式学习的效果上有一定的体现。三是全程调控，能够把握住学习方式实施过程中的关键，引导学生有效学习，并能够注重培养学生学习的能力。这些情况都是需要认真观察和分析方能准确判断和区分的。这一观察和评课视角不容忽视，因为学习方式的使用，不仅学习者是主体，而且教师的主导作用直接影响着学习方式作用的发挥。

3. 从学生学练评学习方式的“实效性”

体育课堂上无论采用何种学习方式进行学练，都不在于形式，关键在于操作过程和能够达到的实际效果。因此，评学习方式的时候，从学生学练的角度重点要看“实效性”。学习方式所能达到的效果越明显，说明适应性越强，操作过程越合理。但如何才能判断其实效性发挥的程度呢？首先，要看学生在某种学习方式使用中的反应，是积极主动的还是消极被动的，参与的态度决定着能否发挥学习方式应有的作用，即“能否积极地用”。其次，要看学生在学练过程中对学习方式的正确把握，即“会不会用”。理解能力强且理解到位的学生，能够按照教师提出的具体要求，采用某种学习方式进行有效学练；理解不到位的学生，尽管也十分认真地进行学练，但是效果却不会十分明显。最后，要看学生在学习过程中是否有所拓展或是否有创造性。有些学生能够举一反三，而有些学生只是认认真真地执行着教师提出的学习方式操作要求。那些在原有基础上有所拓展或具有一定创造性地使用学习方式的学生，往往可以达成甚至超越预设的学习目标。例如，教师让学生进行合作学习时，有些组除了采用教师提出的合作方式以外，还尝试了更多的形式，这样不仅充分发挥了他们的智慧，还能够在合作能力方面得到提升。由此可见，从学生学练的角度看学习方式所能发挥的实效性，是最为重要的观察与评课视角。

4. 从教材类型评学习方式的“针对性”

不同的教材有自己所适宜的学习方式，而且教材处于单元的课次位置不同，学习方式也有别。因此，从教材类型评学习方式的时候，可以从所选学习方式与教材的对应性上来判断学习方式选用的合理性。那么，学习方式与教材的对应性该如何观察与判断呢？首先，从教材的难易程度上来看，教材难度不同，适宜的学习方式各异。其中，简单的教材适宜于自主、合作学习，复杂的教材适宜于接受式学习，处于中等难度的教材则可以采用合作、探究学习方式等。为此，在看课的时候，可以结合教材的难易程度来判断学习方式选用是否合理、有效。其次，可以结合教材特性来看，根据独立完成的项目、双人完成的项目、多人合作完成的项目等来确定学习方式。对于独立完成的项目而言，在学习的时候比较适宜于自主、探究、接受式学习，然后再根据独立完成项目难度进行细分。而对于双人或多人一起完成的项目，比较适宜于选择合作、探究、接受式学习，也会因难度不同倾向于不同的选择。在看课的时候，假如选用的学习方式与教材内容难度、特点不匹配，学习效果就难以达到，这可能是学习方式的针对性不强而引起的。

三、评体育学习方式应把握的关键点

准确评学习方式，除了要找准切入点，充分了解学习方式选用的目的之外，更要把握好几个关键点。

1. 评自主学习关键看是否“真自主”

评自主学习的时候，关键看是否是“真自主”。自主并非自由，是有组织且有明确学习目的的自我控制的过程与内容的学习。体育课堂上真假自主的区分在于教师是否给学生独立控制学习过程与内容的时机。教师安排让学生自己练习，但是，如果学生练习的手段与内容依然是按照教师严格要求进行的，学生没有自主变换手段与内容等的可能，这依然不能算作真正意义上的自主学习，最多可称其为“半自主”。例如，教师讲解、示范完篮球行进间运球技术以后，要求学生每人一球以篮球场的两个边线为界往返运球 5 个回合，学生按照此要求完成了运球练习任务，这种情况下的练习就是半自主形式的练习。还以篮球运球为例，假如教师示范完以后，提出的要求是：下面大家自由选择练习场地，自主确定练习路线，进行行进间运球练习，那么学生在这种要求下完成的练习，基本上可以算是自主练习。因为场地、路线距离和线路走向都是学生自主确定的，是其自己能够控制的。学生可以根据学校的场地情况和个人的素质与技能基础选择直线或曲线形式的练习。在体育教学中我们适当给学生一定的自主学练机会，能更好地发挥学生学习的主观能动性。

2. 评合作学习关键看是否“真合作”

评合作学习的时候，要把握的关键是看是否是“真合作”。真假合作的区分点是合作学习成员有无任务分工，任务的完成是否靠各团队成员的共同努力，是否离开了任何一个成员就会影响到任务完成的速度和质量。那些尽管进行了分组练习，但是个体任务并不明确，严格来说，缺少其中的一个成员但不会对练习结果造成影响的分组学习，都不是真正意义上的合作学习。例如，10 个学生一组进行篮球运球练习，让学生围成一个圆，每人一球原地运完自己的球以后，向前走动一步依次运前面同伴运起的球，如此完成的运球练习就可以称为合作学习。因为 10 人 10 球，且大家运完球以后，都是同时移动交替运前方同伴的球，形成了人走球不走的练习方式，缺少了任何一个人或任何一个人不移动，这项练习就无法完成，这样的合作便可以称为真合作。假如 10 人围成一个圆，每人只在原地运自己所持的篮球，尽管从形式上也是 10 人、圆形、运球，但是本质的区别就在于球无交替、人不移动。这 10 人中撤出任何 1 个或多个，练习依然可以持续，不会影响到练习效果。因此，这种情况下的分组练习就不算是真合作，难以体现出“合作”的特性。体育课堂教学要培养学生的合作意识和团队精神，就需要多安排具有真正合作意义的练习方式。学生合作练习如图 2-4-1 所示。

图 2-4-1　两人一组合作练习花样跳绳

3. 评探究学习关键看是否“真探究”

体育课堂上选用探究学习方式，从操作过程和结果上来看，是否是真正的探究学习，最根本的是要把握探究问题的真实性。那些不值得探究的假问题，那些难以探究的真问题，从难易度上不适宜于使用探究学习方式；如果在课堂上出现这样的探究，其探究的实效性就会难以体现；那些不理解探究的低年级，那些不便于探究的新教材，假如在体育课堂上选择了探究学习方式，也难以有明确效果；那些只重形式忽略内容的探究，那些有头无尾的探究，也很难看到探究的价值所在。以上多种情况的探究学习方式难以达到理想的探究学习效果，因此在某种意义上都可以归结为虚假探究。体育课堂上的“真探究”所具有的特点可以大致归结为：一是探究的内容多元，要么探究答案，要么归纳问题。探究不仅仅是寻找现有问题的答案，也可以从现象中发现问题。二是探究的形式多样，可以是一人探究，也可以是两人探究，甚至是多人一起的小组探究。参与探究的人数多少，与探究内容的难易度相匹配。三是探究的过程合理，安排的探究时间要充足，指导探究的时机要把握，调控探究的过程要恰当。四是探究的结果明显，真正意义上的探究一定能够发挥应有的作用，而且也能够表现出学生的高参与度和参与探究活动的积极性，无论是探究答案还是归纳问题都能够看到实效。除此之外，属于“真探究”的学习方式，还表现在教师对学生探究结果的评析也是及时跟进的，即整个探究过程是完整的。体育课上的探究学习如图 2-4-2、图 2-4-3 所示。

图 2-4-2　学生们在探究如何在放沙包游戏中获胜

图 2-4-3　学生们在探究如何在运球接力比赛中取胜

学习方式在体育教学中的选用如要力求达到理想的效果，需要引起高度的重视，关键是要避免学习方式使用过程中的形式化现象。看评体育课时，要想在学习方式上评出水平与技巧，就要能够区分自主、合作、探究等学习方式的真假，否则，评课就难以把握核心与关键，也很有可能停留在流于形式的泛泛的评之上，甚至还有可能出现评错现象。下面对评学习方式的方略做一个简单的归纳。

评学习方式的方略

学习方式选择明，　依据清晰不误行；
新型方式作用大，　避免走向极端化；
视角选择特点多，　针对实效分开说；
正确引导有不同，　区分真假要跟从；
自主学习非自由，　合作任务放在首；
探究学习免扎堆，　动脑动手不瞎吹。

第五章 评课堂评价的方略

体育新课程改革以来，课堂评价越来越受到广大体育教师们的关注，很多课都设计了评价环节，只是评价对象、评价内容、评价方式有所不同。然而，该如何在评课活动中评课堂评价的过程与方法的合理性？如何看评课堂评价存在的若干问题？如何把握评体育课堂评价的技巧？本章主要对如何评体育课堂评价的相关问题进行研究，不仅归纳了体育课堂评价若干问题及其根源，还重点结合观察课堂评价环节的方略，深入分析了评体育课堂评价的有效方法与技巧。

一、体育课堂评价若干问题及其根源

体育课堂评价环节在诸多体育课上都有所体现。通过对大量课例的观察与分析，笔者发现，很多评价环节存在这样或那样的问题，甚至产生了影响主教材学习的负面效应。主要问题与产生根源归纳如下。

1. 课堂评价无设计现象

好的体育课一定会有好的设计，有效的体育课堂评价活动的开展，也一定需要有具体且合理的设计，否则体育课堂评价活动就难以达到理想的效果。然而，安排了评价活动的体育课，并非在教案上都能找到对课堂评价内容、方法、时机等的设计文字，而且这种现象还较为普遍。或许在备课的时候，部分教师有对某一教学时段安排课堂评价环节的考虑，只是没有落实到文字上。但是，未能落实到文本中的话，就会表现出一定的随意性。可能会使人感觉课堂评价是可有可无的，时间允许或许就组织学生评价，时间不允许可能就省去了该环节。因此，没有文本设计的课堂评价的不确定性，就会导致评价效果难以预测，对学生评价能力的培养或者想通过评价激发学生学习的兴趣也就无从谈起。

2. 课堂评价无标准现象

提起评价，大家首先就会想到一个词——标准，标准是评价任何事情不可或缺的。体育课堂评价活动的开展，也离不开评价标准。也就是说，无论是教师评价学生的学习，还是学生进行自评或互评，都需要事先有一个评价的标准。针对学生技术动作学习的课堂评价，更需要有明确而具体的标准，否则，就难以评出动作教学的优劣。然而，纵观中小学体育课堂，并非所有课堂评价活动的环节都事先给出了评价标准，先有标准再进行评价的并不多见。没有标准的评价，对评价的结果就难以做出准确的评判，评价的对与错、优与劣也难以区分。因此，课堂评价无标准现象需要引起我们的重视。

3. 课堂评价走过场现象

体育课堂评价除了需要明确的标准，让评价者做到心中有数之外，整个评价过程也需要很好地把握，不能只是流于形式，走走过场。一节课的时间毕竟是有限的，进行课堂评价必定会占用一定的时间，课堂上任何时间的浪费都直接影响着教学效果。因此，如果是走过场的评价显然难以达到理想的效果，也等于浪费教学时间。体育课堂上哪些是走过场的评价呢？如有位任课教师在学生练习一段时间以后讲道："下面两人一组进行互相评价，看谁的动作更好。"提出要求以后，教师并没有认真观察学生是不是在评价，也没有关注学生会不会评价，更没有总结评价的对与错，而是几分钟后，接着安排了下一项练习任务。学生由于没有听到类似什么是好与差的标准，也没有得到如何观察和评价的方法引导，更没有评价结果的检查，学生评价能力难以得到提高。这种课堂评价达不到任何评价目的，更起不到任何评价作用。因此，走过场的评价是应该避免的。

4. 课堂评价无归纳现象

体育课堂上的教师评价无需再对评价效果进行好与差的归纳，因为，评价主体是教师本人。但是，学生评价，其评价结果的判断就需要教师做出及时的反馈，因为学生不仅需要体验这一过程，掌握评价方法，还要培养评价能力。为此，教师需要对学生的评价过程与结果进行及时的归纳和总结。然而，评价活动有归纳者较少，大都仅仅是让学生展示一下评价结果，如每组评出技术动作掌握最好的，再在全班学生面前进一步展示，评出全班某方面的“小明星”。究竟学生在评价过程中是否存在方法上的问题，或评价结果是否有偏离，教师很少进一步归纳总结。因此，学生评价只是经历了一个过程，而无法判断自己的评价方法的对错、结果的好坏，评价能力也就很难有所提升。

二、观察课堂评价环节应把握的关键

体育课堂评价无论出现的是何种问题，都需要认真观察才能发现并做出判断。对课堂评价问题大小及其影响性的观察与判断有几个关键点需要把握，下面从四个方面进行归纳。

1. 明确课堂评价的目的是前提

要观察课堂评价的全过程与评价结果，首先需要明确任课教师安排课堂评价的目的或意图是什么。假如教案上有所呈现，可以直接了解；如若教案上没有相关内容，就要靠看课者在看课的时候，认真听取任课教师的语言提示，或观察领悟评价的目的。否则，只是观看评价而不明确目的，对评价过程与效果的判断就难以达到准确无误。然而，从学生评价的角度来看，评价的目的大都有哪些呢？概括起来有以下几种：一是通过评价达到互相学习和共同提高的目的；二是通过评价了解学习效果；三是通过评价推荐展示对象；四是通过评价达到查漏补缺的目的；等等。无论是何种目的，认真观察课的看评课者都能够从中获悉。明确了课堂评价目的这一前提，才便于更好地把握课堂评价的合理性与实效性。

2. 了解课堂评价的内容是保障

就观察课堂评价而言，对课堂评价内容的了解不容忽视，即要充分了解课堂上要求评价什么，是对技术动作学习的评价，还是对学生参与学习的组织纪律性评价，或是对学生学习方法优劣的评价。评价内容不同，评价方法的选择就有所不同。看评课者要在观察的时候，对评价内容了如指掌，否则，课堂评价的效果怎么样就难以判断。目前，中小学体育课堂的评价内容会随着教学内容和学生特点的不同而有所区别。例如，以学习某项技术为主的高中某年级的体育课，在评价环节大都会注重对技术学习效果的评价。又如，以体能锻炼为主的初中某年级的体育课，组织学生进行评价的时候，会倾向于对锻炼方法掌握情况的评价。再如，一节以游戏为主要内容的小学低年级的体育课，评价内容或许会定在看哪组或哪个学生更能遵守规则上。无论是在课堂上要求学生评价什么，对于看课者而言，都需要事先了解，否则，就难以做出准确的评判。

3. 找准课堂评价的视角是核心

在真正评课堂评价的时候，要有一个精准的视角，不能摇摆不定，一会儿从这个角度评，一会儿又从那个角度评，这样的话，听评效果就会受到一定的影响。为此，要先找准观察课堂评价的视角。看与评的视角需要保持一致，而且，从哪个角度看，再从哪个角度评，还能够使评价更为全面和深入。看课堂评价的视角一般会依据评价对象而定。如果是学生自评，观察者就要看学生自评的全过程，从教师提出自评要求以后，学生都做出了哪些反应，有哪些学生在自评，哪些学生听而不闻或视而不见，没有按照要求自评的学生都在干什么，参与自评的学生会不会自评，学生采取什么方式在自评，学生自评以后的反应又是什么，等等。假如看课的时候，能够针对以上问题认真观察学生自评活动，那么在评课环节，就能够从自评者的角度评自评活动开展的全过程以及效果。当然，课堂评价并非都是学生自评，有时会安排让学生互评，甚至还有教师评价的形式，但无论采取何种方式，只要观察的时候能够从评价对象切入，就能够全面而深入地了解课堂评价活动开展的合理性与实效性。除此之外，评课堂评价的视角也可以更加多元化，如从课上安排的整个评价环节，评课者按照时间顺序或活动内容等展开评课。

4. 整合课堂评价的实效是重点

观察体育课堂评价不仅视角多元，而且过程较为复杂。因为课堂评价的时机安排有恰当与否之分，课堂评价的内容选择有准确与否之别，课堂评价的对象确定有效果好差之异，课堂评价的目的设定有明暗远近之差，等等。因此，看体育课的时候，最好能够从整合课堂评价的实效出发，对课堂评价有一个更为周全的把握。尤其是在课堂评价环节即将结束的时候，要及时了解课堂评价真正给课堂教学带来了什么明显的效果，有无干扰作用，学生的评价能力是否得以培养，教师对整个评价过程的参与情况是否积极主动，是否做到了全程把控，评价目的是否得以实现，评价中是否有新的问题产生。课堂评价如果不具有或缺乏实效性，再新颖的评价方式，再有针对性的评价内容都将无济于事。因此，看评体育课的时候，要能够将整合课堂评价的实效作为重点，否则，就会远离评课的门道，而误入偏离评价主体的轨道。

三、评体育课堂评价的有效方法与技巧

要评体育课堂评价，除了认真观察，把握住观察中的几个关键点之外，评的时候还要把握有效的方法和技巧。具体分析如下。

1. 评体育课堂评价的时机把握

在参与评体育课堂评价的时候，究竟应该何时评？从整个评课活动时间节点上看，是抢先评，中间评，还是最后评？从评课内容的呈现来看，应将课堂评价放在何处评？为了达到较好的评课效果，一方面评课者要结合自己以往的习惯。先评与后评，其顺序的先与后问题不大，关键是要以评课者自己擅长的方式。如有些评课者总是会抢先评，那么，评课堂评价的时候，也可以率先评。相反，有些评课者常常是在他人都评完之后再发表其独特观点，这种类型的评课者也无需打破常规。另一方面，还要考虑在评的过程中，要评的课堂评价放在何处来评。这就需要充分结合课堂评价的实施效果。假如是作为经验需要学习的，那么可以放在评课内容的前面进行评说；假如某节课上的评价活动开展得不够理想，或问题较大，那么既可以放在不足部分分析，也可以放入建议部分提出。由此可见，把握好评课堂评价的各种时机也显得十分关键。

2. 评体育课堂评价的方式选择

评体育课堂评价活动开展得怎样，评价的方式十分关键。如果是优缺点式的评，可以将课堂评价活动开展的好坏直接从优点或缺点的角度进行评述。但是，采取这种方式评的时候，对课堂评价活动的准确判断至关重要，如果将其看成是优点，就要能说出它优在哪里，这需要有一个明确而深入的分析。相反，如果认为它是缺点，那么还有哪些方面需要完善，也需要有理有据，否则，就难以让听者认同。假如评的方式不选择优缺点式，而是就课堂评价活动所带来的实际效果来评，那么就可以分析判断该课堂评价是否有必要，评价过程是否完整，最后评出课堂评价活动的开展给学生带来了什么，等等。尽管没有直接说出优缺点，但是也能够从中判断出该评价活动开展的情况，评课者是认同还是不认同，或者态度中立，都能一听便知。当然，还有很多种评的方式可以尝试。例如，站在更高位的课改角度来评，先是评说新课改对课堂评价提出了新的要求，在该课引入评价环节，即先肯定其符合课改要求的做法。然后，再根据评价活动开展的情况，分析判断其是否真正达到了新课改提出的培养学生评价能力的效果，还是仅仅走了课堂上让学生自评或互评的过场。最后谈一谈需要改进或进一步完善的建议。总之，教师可以根据自己的评课习惯或经验，灵活把握评体育课堂评价的方式，评出水平和技巧。

3. 评体育课堂评价的内容取舍

前面已经对何时评、如何评进行了分析，但究竟在评课活动中应该评什么？一方面心中要有评什么的取舍，抓主要内容；另一方面需要对要评的内容细心观察，以便做出准确判断。那么，究竟应该评课堂评价的哪些内容呢？由于存在不同内容和不同目标的课堂，安排学生课堂评价的内容就会有所不同。因此，在确定评课内容的时候，第一，要考虑课的主题是什么。是篮球的单手肩上投篮？还是体操鱼跃前滚翻？即评课堂评价要确定课的内容是什么，这是能否评出水平的前提，有了这个前提，可以帮助评课者判断某环节安排评价活动是否恰当。所以第一个要选择的评的内容就是课的内容派生出的评价时机和评价内容及形式的确定是否合理，即评“合理性”。第二，要明确任课教师安排学生评的是什么。是评技术动作掌握的程度？还是评练习方法的创新？或是评探究学习的结果？离开了评价内容要求，评课评什么也难以确定。了解学生在课堂评价活动中的具体评价内容，可以帮助教师更好地判断评价内容的安排是否适宜，是否有过难或过易的不适宜现象。因此，评“适宜性”也是在取舍评课内容的时候需要重点考虑的。第三，就是教师在学生评价过程中的各种教学指导行为不容忽视，尤其是在整个过程中，教师说了什么，做了什么，有没有提示评价标准，有没有提出观察要求，有没有引导评价方法，有没有对评价结果进行小结，等等。实际上，在这方面，评课者需要评的就是教师的“指导性”，进一步说就是要评教师有没有学法指导，即有没有评价法的指导。因为有无指导对学生的施教效果和能力培养会明显不同。由此可以看出，当大家在一些评课场合要对课堂评价活动进行评说的时候，不可忽视课堂评价呈现出的合理性、适宜性和指导性等方面的内容。

4. 评体育课堂评价的技巧呈现

把握了评课时机，选择了评课方式，明确了评价内容，实际上已经能够较好地达到评课堂评价的效果。然而，假如从技巧方面来分析，就要能够体现出技巧性，更能展示出评课者更高的能力和水平。因此，需要进一步讨论，如何把握评的技巧？评课堂评价又有什么技巧可言呢？通过对大量评课活动的分析，以及与经验丰富的评课者的交流，笔者大致可以归纳为以下几个方面。一是评出自信。能够准确判断课堂评价活动的优劣，而且还能够提出合理的建议，能够在评的时候表达出自己的自信。当然，准确判断是关键，这需要对课堂评价的理论与方法有着较丰富的积累。二是保持谦虚。自信与谦虚并不矛盾，自信不代表骄傲，谦虚也不等于没有自信。因此，除了自信地评，还要谦虚地评。这意味着，尽管看出了问题，或判断出明显的优点。但是，也要谦虚地从学习的角度来评。如可以说，“我从该课堂评价活动中学到了……”或“老师安排该评价活动给我的最大启发是……”等。用谦虚的态度评，容易被他人接受，无论评得对错或好坏，不会让人产生抵触情绪。三是借机交流。评课堂评价的时候，有可能会与他人有不一样的看法，每个人都有可能有诸多理由证明自己的判断，而且还很有可能大家说的都有一定的道理。基于这种情况，作为已经把握了一定技巧的评课者，要能够在认真聆听他人意见的情况下，或在不太理解别人为何这么评的时候，即有困惑或疑问时，可以非常友好地和他人交换一下意见。之所以存在意见不统一，看法不一致，主要是因为视角不同。通过交流，假如大家都站在同一个角度看该环节的课堂评价的时候，或许看法就基本保持一致了。而且大胆交流也是一种胆识或自我超越。很多人在评课的时候，评述完之后再也不发表看法，这种评课者收获不会很大。实际上，看课也好，评课也罢，都可以看作一种学习活动。既然是学习，就要尽可能地抓住机会多学习，多与他人交流是一种很好的学习方式。

关于如何评课堂评价，尽管没有太多的研究者涉及该专题，但这一专题却是十分重要的。会不会评课堂评价，既是一个评课者对课堂评价的核心理念与要求了解和把握是否很清晰的体现，又是评课水平高低的证明。要想评出技巧，在了解当前课堂评价活动存在的若干问题的前提下，能够把握好最佳时机，选择出最适宜方式，还要能够对内容做好取舍，尤其是从合理性、适宜性和指导性方面去评课堂评价的内容，将能够评出让人耳目一新的感觉。下面对如何评课堂评价做一个简单的归纳。

评课堂评价的方略

课堂评价现象多，　不良现象逐一说；
课前准备无设计，　课上评价难做细；
观察标准不分明，　东看西比盲目评；
学生评价不归纳，　能力提升成假话；
课堂评价认真看，　细小环节有破绽；
评析目的方法清，　整合评说路路通；
自信谦虚巧把握，　借评学习很不错。

第六章　评场地器材的方略

体育课离不开场地器材，但体育课堂教学中场地器材的使用并非都十分合理、安全、有效。假如场地器材不能充分利用，势必会对体育课堂教学效果产生不利影响。观察体育课堂，了解场地器材在使用过程中的若干问题，及时查找原因，并提出改进完善策略，是评场地器材不可缺少的步骤。但要想评出技巧，还需要把握几个关键点。

本章重点对场地器材在体育课堂教学中的五不现象、五大观察视角、五个评说关键进行研究。调查显示，场地器材在体育课堂教学运用中存在数量不充足、质量不过关、使用不安全、布局不合理、维护不到位五个方面的常见现象。可以从课的结构、质与量、教师教、学生学、实效性五个方面观察场地器材。评场地器材应从事先了解类型与布置、详细观察使用过程与方法、分类归纳整理观察结果、灵活确定逻辑主线、巧妙评经验与问题五个方面把握其关键点。

一、体育课场地器材“五不”现象

在体育课堂教学中，从场地器材的使用情况来看，存在着这样或那样的问题。有的因数量不足而无法正常开展教学工作，有的因质量不佳导致不能顺利完成教学任务，有的因使用不当存在安全隐患，有的是布局不合理影响教学效果，还有的是在使用过程中不注重维护场地器材而使其破损，等等。各种现象具体分析如下。

1. 数量不充足现象

通过观察走访中小学体育课上使用的场地和器材情况，笔者获悉，由于受学校人数因素影响，很多学校存在绝对或相对场地不足现象，即小场地较为普遍，尤其是在城市学校这一现象更为突出。小场地对正常完成体育教学工作将产生一定影响。学校人数越多，同一时段上课班级越集中，影响越大。有时在一个周长不足 200 米大小的操场，同一时段有 5~6 个甚至更多的班级一起上课，因此学生很难得到充分的锻炼。例如，在一所中学，6 个班级同时在学校教学楼前的一个所谓的操场上课。由于场地小、班级多，有的班级在围绕场地练习耐久跑的时候，总不时地要躲避正在练习武术的学生和篮球课班级滚动在地上的篮球。有时受篮球场数量的限制，60 人以上的大班额教学，尽管有足够多的篮球，也很难让学生得到充分的投篮体验。器材数量的不足也会直接影响教学的实效性。例如，一些贫困山区农村学校，大部分器材存在数量不足现象。当教师安排相应项目教学时，不仅学生的兴趣难以被激发，而且学习的效果很难保证。常言道，巧妇难为无米之炊，场地器材在数量上的缺乏，给一线教师带来了诸多不便，教学质量的提高也难以实现。

2. 质量不过关现象

体育课堂教学过程中，除了场地器材的数量不足问题，质量问题也不容忽视。因为质量与安全问题息息相关，而且有些器材质量问题突出的话，也会引起学生的恐惧心理，导致练习活动无法正常开展。例如，在一所学校的初二年级的体育课上，教师教学生跳山羊。教师讲解完跳山羊技术的动作要领，给学生做示范的时候，上羊推手的一刹那，突然“人仰羊翻”。多数学生受到惊吓，有些学生当场就表现出不敢再练习。此后练习中有不少学生踏上踏板以后，手扶在山羊上不敢做起跳动作。后来检查山羊的时候发现，山羊“腿软”是质量不过关所致。还有些学校购置的器材，如篮球、排球、足球等，使用不久就破损，有的漏气，有的破皮，影响学生正常练习。除此之外，有些学校的塑胶场地质地差、不环保，经过太阳暴晒后，散发出难闻的气味，说明这是有毒的气体。师生长期在这样的场地上活动，将对其身体健康带来一定危害。存在质量问题的场地器材，一旦在体育课上使用，要么容易发生安全事故、影响身体健康，要么影响练习活动开展，因此质量不过关现象不容忽视。质量不过关的器材如图 2-6-1 所示。

图 2-6-1　质量不过关的乒乓球台

3. 使用不安全现象

场地器材除了因质量问题存在一定的安全隐患之外，实际上，在使用过程中也要及时做好安全隐患的防范工作，而且还要从课前借器材开始就要对其进行安全检查。可是很多情况下，借器材环节检查安全隐患，并非所有的任课教师都能做到。课前安全隐患未及时排除，有可能导致严重的安全事故发生。例如，在一节羽毛球课上，由于课前未仔细检查，未发现羽毛球拍头松动，结果导致课上练习过程中羽毛球拍头飞出刺伤学生脸部的严重损伤事件。有时课中器材的移动未及时归位，也容易造成安全问题。例如，一节背越式跳高课上，由于在多个学生跳过以后垫子移动错位，导致某学生过杆落地的时候摔落垫外，颈部挫伤。由此可见，课前检查、课中观察，并做出及时调整，可以最大限度地避免伤害事故发生。在看课的时候，也可以通过认真观察，分析判断任课教师对安全隐患的防范工作是否做得具体和有效。

4. 布局不合理现象

场地器材在体育课上的使用需要认真甚至巧妙地设计，设计不合理不仅会影响到学生学习的效果，而且还会存在较大的安全隐患。在教学实践中，有的属于场地较大而选择的活动区域较小，未能充分利用可以活动的空间；有的是器械的摆放过远、过近、过稀或过密。假如教师的示范器械放置过远或过近则不便于学生观察，假如学生练习器械放置过稀则不便于教师指导，假如学生练习器械放置过密，练习期间学生则会互相影响。例如体操技巧跪跳起课上，应巧妙设计体操垫子的摆放。出现上述各种现象都不利于教学任务的顺利完成。另外，对于练习中固定的器械，如体操的单杠、双杠、跳箱、山羊等，这些器材的练习中所使用的体操垫子、踏板远近要适中，否则也会对学生学习的有效性产生不利影响。再者就是球类课上，由于受场地的限制，如篮球课上只有两个篮球场，如何充分利用这仅有的两块场地进行各种练习活动要有周全的考虑，班级人数越多，场地的规划要求就越高。就球类器材而言，尤其是篮球课，假如篮球数量充足，能够达到每人一个篮球，篮球练习前后的取放就要有全面的规划，注意解决好球的自由滚动与取放便利问题。通过观察，笔者发现，练习过程中篮球满场地滚动，既影响学生用篮球的及时性、便利性，还存在一定的安全隐患。因此，球类课上事先确定好球的临时固定方式至关重要。

5. **维护不到位现象**

体育课上充分利用场地器材是提高课堂教学有效性的重要因素，但场地器材的维护也不容忽视，尤其是体育课上要能够充分抓住时机对学生进行正面的教育引导，让学生保护好所使用的场地器材至关重要。但是，经观察以及与一线教师的交流，笔者发现，现实中不仅存在对场地的维护不到位现象，而且在课上还出现有意无意损坏器械的情况。各种现象造成的后果，有的是直接对场地器材有不同程度的损坏，有的产生了人为的安全隐患。例如，跳远课上练习过程中对沙坑的维护就非常重要，要尽量避免因沙坑过硬，沙坑凹凸不平未能及时平整而出现踝关节扭伤等事故。球类课上对球的保护也要引起重视，应教育学生不能拔羽毛球上的羽毛，不撕扯篮球、排球、足球上翘起的球皮，等等。但是，笔者观察了解到，不仅有的学生无意识地提拉翘起的球皮，有的还故意揭完好无破口的球皮。另外，还有的学生在练习间歇时间坐在球上。以上各种不认真维护场地器材的现象都是一线教师在课上应该重点强调并且尽量规避的。破旧器械不维护如图 2-6-2 所示。

图 2-6-2　破损的足球因未维护而废弃

二、观察场地器材的五大视角

在看课的时候，不同的看课者对场地器材的观察或许有不同的方式、方法。看课者选择的观察视角不同，看到的场地器材情况就会有一定的差异。有的视角比较明显，有的是走马观花式的，视角不同，观察效果也会存在差异。为了能够在观察中获取更多关于场地器材的信息，便于更好地评课，有必要对观察视角展开讨论。

1. 从课的结构观察场地器材

体育课各部分划分方式，大多数采用的是准备部分、基本部分、结束部分三段式，其中准备部分又包括开始部分和准备活动。也有人将课直接分为四个部分，即开始部分、准备部分、基本部分、结束部分。无论如何划分，场地器材在各部分的使用情况都需要进行认真的观察。假如从课的结构这一视角进行观察，那么既要从开始部分到结束部分按顺序观察场地器材的总体利用情况，还要注意分析判断各部分在场地器材使用过程中有无问题，以及通过观察看哪些环节场地器材的使用让人眼前一亮。也就是说，场地器材在某个方面有无创新之处。有的可能是创造性地自制了新的辅助教具，有的是在已有常规器材的利用上做了新的变换形式的尝试。除此之外，场地器材在各部分的使用是否合理，是否有一物多用、一物妙用的高效利用场地器材现象。相反，哪些教学环节存在场地器材的闲置或浪费现象，观察的时候应引起高度重视。总之，从各部分切入观察场地器材，不仅仅要看各部分用了什么，用了多少，还要看是如何用的，使用过程中的经验和问题都是观察的重点。

2. **从质与量观察场地器材**

场地器材的质地与数量直接影响体育课堂教学的正常开展，质地好坏不仅关系到耐用性、美观度，而且关键在于是否有足够的安全保障。观察体育课的时候，从使用场地器材过程中所反映出的各种情况，能够大致判断其质量优劣程度，以及是否对体育课有负面影响。在评课过程中，针对某一教学现象的发生原因，可以做出综合判断，不排除对场地器材质量问题的分析。质量差的器材对教师的示范和学生的练习效果均会产生负面影响。因此，场地器材的质量保障极为重要。另外，在分析判断体育课综合效果时，效果是否明显，与场地器材的数量关系也十分密切。在场地的大小上，小场地组织大班额活动难度较大，小场地安排形式多样的分组练习也会受到很大的限制。在器材的数量上，有的时候，除了看是否有充足的器材确保体育课上练习所需之外，更要看在现有的场地器材数量范围内场地器材是否得到了充分利用。例如，某一节篮球运球课，拥有每人一球的器材条件，任课教师却未能充分利用，而是大量采用两人一组一球交替往返运球的方式组织练习活动，将近有一半篮球在筐内闲置。这样的组织和对器材的利用，显然是有待改进的。又如一节篮球单手肩上投篮课，本来有两块篮球场四副篮球架，足可以安排一定的时间让学生在篮球场上体验投篮动作。但是，教师却始终未能安排投篮练习，而是让学生两人一组模仿投篮动作，进行空投练习。这种有场地器材不利用或过少利用现象，评课的时候也要重点考虑。

3. **从教师教观察场地器材**

从教师教的角度观察场地器材的时候，需要看整个教学过程中场地器材与教师的关系处理得如何。不仅要看教师的示范位置选择是否得当（需要基于学生和场地大小灵活把握），而且要看是否合理利用了场地开展教学活动。如一节体育课上，任课教师在示范站立式起跑和途中跑技术时，教师选择的示范场地方向与学生观察的方位背道而驰，这说明教师未能充分考虑到学生观察的便利性，而只是考虑到了自己示范的便利性。还要注意教师示范的时候是如何利用器材的。如有的篮球课上，本来该有球示范的，却整堂课未见到教师做一次有球的示范，而只是在给学生做徒手动作。评课的时候，就要酌情分析其根源，有时可能会让看课者联想到，教师在技能水平方面是否是缺乏自信等。假如是体操技巧课，教师的示范器械（如体操垫）摆放位置是否便于学生观察等，都需要任课教师做全面的考虑。除此之外，在整个教学过程中，教师对场地器材的安全问题考虑是如何体现的，关于保护场地器材与确保安全锻炼是否有对学生进行教育和引导等，我们在观察的时候，都需要引起重视。总之，教师的教离不开场地器材，场地器材使用不当，会不利于教的有效性发挥。为了更为深入全面地评课堂效果各影响因素及其关联性，从教师教的角度观察场地器材十分必要。

4. **从学生学观察场地器材**

学生在体育课堂上的学习，无论是田径、体操项目，还是各种球类项目，离开了场地器材，学生的体育学习活动就很难开展，这说明学生的体育学习与场地器材的关系最为密切。因此，要想深入评析场地器材，从学生学的角度观察场地器材至关重要，尤其是从基本部分主教材学习的环节观察学生对场地器材的利用，更能够体现出场地器材在课堂上的使用效率。如观察学生在教师示范时的站位情况，是完全被限制的（或固定的），还是可自由走动选择最有利观察位置的。学生的观察位置选择的自主性越大，就会越有利于学生的观察和听讲。学生的练习活动更是如此，假如被限定在很小的区域内练习，这样做可能便于教师巡回指导了，但是学生之间的练习可能会产生相互影响，有些动作就不能充分地施展。因此，学练场地让学生有一定选择性是需要考虑的。就学生学习过程中的器材利用而言，除了注意前面分析的数量，以及是否充分利用现有器材进行练习活动之外，还不可忽视器材的规格与学生的年龄是否相符，学生是否对器材有保护意识，遇到安全隐患明显的器材，学生是否有防范能力，等等。另外，还要观察学生在器材借还环节是否有积极主动的表现，等等。

5. 从实效性观察场地器材

通过前面的分析可以发现，无论从体育课的结构、质与量的角度进行观察，还是从教师教、学生学的角度进行观察，实际上，都离不开实效性问题。但是，在课堂观察的时候，还不能忽视从整体观看场地器材在课堂上发挥的效果。这样能够更系统、更全面地分析判断场地器材的利用价值、综合问题及改进措施。基于此，在观察的时候，就要对场地器材在体育课上的利用情况有全局观，即从完整的课来观察效果。不仅要看整个课上教师在场地器材安全防范方面的系统设计，课上的防范实效性（因为安全问题是教师们最担心的问题），还要看教师在场地器材利用上有无创新设计，以及对体育课的影响是正面作用较大还是负面作用较大。如有的课上教师自制了新颖的辅助教具，却在课堂上因运用不当而分散了学生的注意力，影响了学习的效果。因此，可以从是否有利于促进学生身心健康等方面，综合观察分析判断场地器材在课堂上利用的情况。

三、评场地器材把握五个关键

要能够在评场地器材的时候体现出独特的视角和技巧，除了前面分析的观察视角与方法等相关问题之外，还要注意把握几个关键点，下面从五个方面进行讨论。

1. 事先了解场地器材的类型与布置

评场地器材，只是认真观察还不够全面。为了更便于观察，以及评的时候更为准确，评课者最好能在看课前，事先对任课教师所选定的场地和器材的布置情况等进行了解。了解方式可以通过三种途径：一是浏览教案，因为通过教案，可以初步了解基于不同项目教学场地器材的基本信息，如场地器材类型、器材数量、场地大小等。二是观看事先布置好的场地，器材的存放是否有利于在教学中使用。三是对于未看明白或对场地器材布置存有疑惑的地方，可以通过与任课教师、指导教师或其他看课者交流的方式消除疑惑。这些工作做得越具体到位，越便于评课者在课堂上对场地器材进行观察和准确评判。有时，在了解这些基本信息的时候，观察者还可以与以往的经验联系起来，事先做出场地器材布置合理与否的初步判断。总之，事先了解是评场地器材的关键之一。

2. 详细观察场地器材使用过程与方法

评课活动中要在场地器材方面评出水平，详细的课堂观察是重中之重，离开了这一环节，或在该环节未能看出门道，高水平的评课就无从谈起。但该如何观察课堂上场地器材的使用过程与方法？首先，确定好观察视角，既可以是单一的，也可以是多元的，但无论如何选择，视角的确定不容忽视。或许有的人在看场地器材的时候尚未充分认识到确定视角的重要性，结果会出现很多遗漏，有些课堂假象就难以准确判断，结果就看不出场地器材存在的真问题，评课时甚至会出现与他人完全不同的错误认识和理解。其次，要在观察的时候注重细节，如器械随风倒下的时候，师生对该器械的反应如何，是积极主动还是消极被动的反应能够说明很多问题。再次，要能够在观察的时候做好记录，将属于场地器材使用的经验和问题事先做一标注，在评课的时候就会便于查找和归纳整理。最后，要用虚心学习的态度观察场地器材，边看边思考为什么任课教师会有这样的设计思路，给自己带来哪些启发，等等。把握详细观察的几个重点环节是评出水平的关键所在。

3. 分类归纳整理场地器材观察结果

在评场地器材之前不可忽视对观察记录的整理，这将便于评课者很快理出评课的思路。要体现评场地器材的能力和水平，绝非是对数量、质量、使用、效果的简单评说，而是要由浅入深，不仅能够挖掘对场地器材使用过程中教师感到困惑的源头，还要能够找到解决困惑之根本。这更需要对观察结果进行分类归纳和整理，区分哪些环节器材的使用存在不合理现象，假如没有不合理现象，还要能够从场地器材的合理布置角度找到启发。那么，哪些地方布置合理，其合理性突出表现在哪里，是更有利于学生观察，还是更有利于练习，或是能够规避安全隐患，或是让学生有新鲜感，激发起学生对体育课的兴趣，等等。这就要求在归纳的时候，要边分类整理边分析判断。对于不合理的使用环节，还要能够结合已有经验分析增强其合理性的改进策略。这对于完整、深入、系统地评场地器材能够做好充分的准备，而不至于在评的时候即兴考虑改进措施。为此，看课后对场地器材使用全过程观察结果的归纳整理与深入思考不容忽视。看课不能走马观花地看，同样，评课也不能无章法地评。

4. 灵活确定评场地器材的逻辑主线

理清场地器材在体育课上的各种现象及合理程度，只是便于评课，至于能否体现出评场地器材的水平，还要能够灵活确定一条逻辑主线。因为一般情况下，评课活动并非仅仅只是评场地器材，而评场地器材更多的是作为评课内容的一部分。但是，假如是专门研究体育课上的场地器材，可以以专题的形式对其进行系统的看评，这样的评课活动便是以评场地器材为主的。无论是作为评课活动中的一项内容，还是以评场地器材为主的评课活动，都需要事先确定逻辑主线。只是前者的逻辑主线更具综合性，后者的逻辑主线会更体现出专题性。就常规的评课活动而言，逻辑主线既可以确定为时间顺序、内容呈现，也可以考虑以教师的教或学生的学等为主线。评场地器材的时候，可以沿着事先确定的主线将场地器材的使用情况巧妙地穿插其中，或作为其中的一部分单独评说，或与其他要评的内容相结合。

就场地器材的评课专题研究活动而言，任何一条评课逻辑主线的确定，都要围绕场地器材而定。可以选择场地器材使用过程中呈现出的各种特性，如安全性、合理性、实效性、新颖性等展开评说。也可以从场地器材与体育课上各要素之间的关系这样的逻辑主线进行评课，如场地器材与课的内容、场地器材与教师、场地器材与学生、场地器材与目标、场地器材与重难点，甚至场地器材内部的关联性都可以作为评课的内容。灵活确定评场地器材的逻辑主线是评出水平的前提，假如事先不确定一条主线，而是随意去评，既不能体现出评课者的评课能力，也难以让听者受到启发。

5. **巧妙评场地器材运用经验与问题**

巧评场地器材，除了要做好各项准备工作，把握好评的语言、评的时机、评的深度和广度之外，还要在评的过程中对现场各种反馈有所聆听和回应。首先，评的语言要十分诚恳，包括评不足之处的时候，尽量不要以明显挑刺儿或过分批判的语气描述问题，而是应尽可能地考虑评说问题的目的不仅仅是指出问题所在，而是要体现出专业指导性和关爱，便于教师提高对场地器材的利用能力和水平。同样，对好的方面的评说，也不可采用过于夸张的语言描述其优点或亮点，依然需要具有求真务实的态度。其次，对评的时机的把握也不容忽视。有些人在评课活动中总是抢先评，有的在听到与他人评课有不同意见的时候紧跟着评，还有的采用归纳总结性的方式评，即在他人都评完以后进行归纳、补充。无论是抢先还是等候，要把握的关键点就是，老问题可以翻新了评，遇到别人都已经评说的问题可以换个角度评，对于那些未看明白的问题可以以征询意见与商量的方式评说，等等。再次，评场地器材时对广度和深度的把握可以体现出一定的灵活性，广不能无边，深不能无底。然而，边与底何在？一般而言，在评场地器材的时候不能无限制地延伸或拓展，课堂上发现的问题可以从人的因素追索到设计环节是否缺乏周密的考虑，或课堂上对场地器材的调控能力有无缺失；也可以从条件方面分析学校现有条件是否带来了不利影响；等等。最后，把控好评课过程中的各种反馈。当有人及时提出不同观点的时候，既要冷静，又要积极回应，回应的语气也十分关键。听而不闻、视而不见是不可取的，因为评课活动毕竟也是一种很好的互相学习、相互交流的机会。由此可以看出，把握评课的技巧，才能体现出超越他人的评课能力，从而评出新意。

评体育课上场地器材的使用情况，有多种方式，而且评课者对此也都不会陌生。但是，要想真正地评出水平，需要讲究一定的技巧。了解体育课场地器材使用存在的各种现象，把握好观察场地器材的若干视角，对巧评场地器材能够发挥很重要的基础作用。评场地器材的几个关键环节若能准确、全面地把握，体现出评场地器材的能力并非难事。但要想评好，还需要加强对体育课场地器材观察的重视程度，并具有认真的态度，否则就难以达到理想的效果。下面对如何评场地器材做一个简单的归纳。

评场地器材的方略

体育教学在操场，　场地器材使用广；
五不现象要把握，　数量不足难开课；
质量问题区分细，　隐患防范有交替；
布置场地要合理，　大材小用要规避；
维护切记要到位，　优劣器械要分类；
场地器材观察全，　视角不同有关联；
各段使用有不同，　一物多用要先行；
观察教师使用法，　灵活把握作用大；
学生角度不可少，　学习效果方能保；
优评巧评方略明，　逻辑主线呈现清；
经验学习放首要，　问题分析考虑到。

第七章　评突发事件的方略

突发事件明显的特征是突然发生与始料不及。体育课堂发生突发事件并不少见，对此不能忽视。任课教师不仅要认真分析突发事件的产生根源，还要迅速判断其性质是正向的还是负向的，更要对其做出及时处理。就看评课而言，不仅要通过观察及时了解突发事件，还要分析判断突发事件的产生根源，以及任课教师对突发事件的处理是否及时、得当。因此，评突发事件问题有必要进行多视角探讨。

本章重点对体育课堂突发事件的产生根源、判断及评的方式等进行了综合研究。结果显示，体育课堂突发事件主要由场地、器材、学生、教师等引发。突发事件并非都对体育课堂教学产生负面影响，也有一部分是对体育课堂有促进作用的。评突发事件的时候可以采取就事论事的独立式，也可以采取将突发事件包含在其他要素之中的融合式，等等。

一、体育课堂突发事件的产生根源

体育课堂突发事件源于何处？观察分析结果显示，主要由场地、器材、学生、教师等多种因素引发。

1. 由场地引发的突发事件

场地是体育课堂教学的必备要素，在体育课堂教学过程中的场地条件如何，以及使用是否合理与突发事件的发生有直接的关联。例如，在场地不平整的情况下，学生在该类运动场上参与活动，如快、慢跑步或各种跳跃练习，就有可能出现踝关节或膝关节扭伤现象。又如，假如刚雨过天晴后，场地依然湿滑，学生在这样的场地上运动，将有可能出现滑倒摔伤现象，轻者擦伤，重者有可能骨折，甚至一旦头部先着地，发生脑震荡的可能性也会存在。另外，跳远课用到的场地——沙坑，假如沙坑填充物不符合卫生标准，沙坑过硬或过软，都有突发伤害事故的可能。如一节八年级的跳远课上，学生在腾空落地的一刹那，突然小腿骨折。究其原因，一方面是场地过硬，另一方面是落地的时候，两脚出现了交叉现象。以上这些有一定负面影响的突发事件，多数情况下，防范工作做得好的话，是可以避免的。

2. 由器材引发的突发事件

体育器材也像场地一样在体育课上发挥着不可替代的作用，因器材引发的突发事件也时有发生，教学中不可疏忽。器材引发突发事件大致可以从器材质量是否过关、器材摆放是否合理、器材使用是否适宜等几个方面进行归纳。假如是因为体育器材质量不过关导致的突发事件，很有可能会导致学生运动损伤。例如，在单杠上练习时，如果单杠常年失修，使用中一旦出现脱钩或断裂现象，就会出现损伤的突发事件。又如，拔河运动中，绳子长期在湿潮地方堆放发生霉变，拔河过程中就很容易出现断裂现象，拉力越大，因绳子断裂发生摔伤的可能性越大。再如，跳质量不过关的山羊，很容易因“人仰羊翻”导致摔倒损伤。另外，篮球课地上滚动的篮球，很容易被学生踩到而出现意外。轻者软组织损伤，重者很有可能出现扭伤或骨折现象。

3. 由学生引发的突发事件

除了源于场地、器材因素的突发事件，实际上，还有一些情况是学生自身的缘故。如学生未能认真听讲，导致在使用某种器械练习过程中出现突发事件，还有一些学生在练习中不听从教师的指令而互相追逐打闹，未按照教师的要求遵守纪律，结果导致体育课上出现扰乱正常教学秩序的现象，影响教学工作的正常进行，致使难以按时完成教学任务。有时还会出现较为严重的伤害事故。如某一节体育课中，教师让学生自由组合进行练习的时候，其中两个学生追打，被追打者快速跑开，突然撞上第三个正在练习的学生，导致第三个学生被撞倒在地，门牙破损，口鼻破裂流血不止。这样的事件是突然发生的，也是教师始料不及的，而且是带有明显负面影响的。还有些时候，体育课堂上教师施教过程中，突然有学生提出让教师意想不到的问题。如有位教师正在给学生做篮球的传接球示范，示范刚结束，一位男生走向前要过教师手中的篮球说："老师，下面让我给大家做个示范，球可以这样传，也可以那样传，但是，不应该像老师您那样传。"话音未落，任课教师已经尴尬得无地自容了。也有些学生向教师提出建议或意见的时候，方式较为隐蔽，走向前悄悄告诉教师或趁他人不注意的时候去征求教师的意见等。实际上，体育课堂上，有时学生提出的建议确实能够有更好的学习效果，在这样的情况下，教师不可视而不见或听而不闻，而是要能够抓住时机完善教法和学法，这些都应该视为具有积极影响作用的突发事件。

4. 由教师引发的突发事件

多数情况下，体育课堂突发事件是由场地器材或学生引发的，但是也不可忽视教师组织教学过程中出现的失误或组织不当等问题。例如，教师在组织学生练习弯道跑技术的时候，在场地上画了两个大小均等的直径约为 10 米的大圆，哨声响起以后，站在两个大圆上的学生开始绕 8 字跑步，从这个圆跑到另外一个圆，由于两个圆的距离太近，学生多次出现了交叉与相撞的现象，这出乎教师的意料。但是，这也是任课教师经验不足导致的，在设计和画圆的时候未能充分考虑到这一情况发生的可能性。还有些情况是教师上课责任心不强，经常组织放羊或半放羊式的体育课堂。在这样的体育课堂中，很容易发生带有损伤性的突发事件（因为学生不知道如何在练习中做好自我保护）。另外，体育课堂上出现学生两人之间的争执，教师如果能够积极主动调节，可能会平息。可是，如果教师没有做出任何反应，就有可能因为教师的责任心不强导致学生发生更大的矛盾，甚至演变为两个学生之间动手打人现象。因此，部分突发事件既与教师的能力有关，也与教师的责任心有关，都不容忽视。

实际上，除了这几种比较多见的原因之外，还有如天气发生突变、教学周围环境有其他班级活动或其他事情强烈的干扰等，也都是不容忽视的引发突发事件的因素。

二、对体育课堂突发事件的判断

对体育课堂突发事件进行归纳，可以从某一或多个视角进行类型的判断。

1. 从影响性判断突发事件

对突发事件的判断，假如从其对体育课堂的影响性来论的话，既有正向积极影响但比例相对较小的突发事件，又有带有负面影响且比例较大的突发事件。从影响性上进行判断的时候，正向的往往是能够有利于促进体育课堂教学的有效性的突发事件，如教学中有学生否定甚至推翻了教师的示范或练习手段，提出了更好的活动方式。例如游戏的时候，教师刚讲完游戏规则，就被某学生提出更多或不一样的规则要求，不仅增加了公平竞争性，而且提高了趣味性。任课教师遇到这种情况要明确判断，这是有利于更好地组织游戏活动和突出实效的提议，而非扰乱课堂纪律。除此之外，还要对此做出准确合理的应对。相反，具有负面影响的，往往是对教学过程或效果、对学生的身心健康等产生或大或小不利影响的突发事件。如体育课教学过程中，突然天气发生变化刮起了大风，在室外乒乓球课上，学生几乎很难完成正常的练习，很显然，这样的由天气引发的突发事件，对正常的课堂教学会产生负面的影响。由此可以看出，对突发事件正负向的判断并非难事，关键在于判断后如何基于不同的情况做出合理的应对。

2. 从严重性判断突发事件

就体育课上具有负面消极影响的突发事件而言，负面影响有大有小，那些产生运动伤害类的突发事件，更有严重程度之分。那么，该如何确定其程度呢？当前，体育教师都十分担心体育课上发生伤害事故，而且每次发生的事故多数均属于突发事件，是教师们所不愿看到的，严重的伤害甚至会使教师产生终生抹不去的阴影和愧疚感。从严重性上对突发事件进行归类，大致可划分为轻微影响、中度影响、严重影响三类。结合对学生身心造成的伤害来看的话，对其影响程度进行判断，轻微影响的，一般可以定位在轻伤不下火线的范围之内，即轻微的擦伤，或者是未造成任何皮肉之伤的心理恐惧感，如跳山羊课上从山羊上掉下来，只是受到惊吓，但在教师的正确引导下学生依然可以坚持练习。这样的就可以归为轻微影响的突发事件。

中度影响的突发事件，是因某种原因导致对学生产生一定的伤害，并影响其正常参与体育活动的突发事件。如学生因场地不平不小心扭伤了踝关节，不能继续坚持需要立即冷敷。再如篮球运动中两人为抢篮板球发生头部相撞的情况，一瞬间有学生头晕眼花，也要立刻停止运动，避免更严重的事件发生。这类突发事件都可以归为中度影响的突发事件，具有这类影响性的突发事件，一个较为突出的特征是，学生不能再坚持完成接下来的学习任务，要休息或就医。

严重的突发事件，多数情况下可以被界定为严重伤害类，在这种情况下，不仅要让学生立刻停止运动，还须将受伤学生马上送往医院救治，极其严重者有时甚至有生命危险。2015 年 12 月 26 日发生的“致命的例假”体育课突发事件，以及此前个别学校学生在跑步过程中的各种猝死现象，都是极端严重的事件，不仅给这些学生的家长带来沉重打击，一线教师也十分心痛。体育课堂上如果教师能够做到及时、有意义、合理的防范，伤害事故的发生率会大大降低。如果能再强化校园安全保障的硬性规定，教师们多半能够有一个安心的工作环境和安宁的生活环境。

3. 从预防性判断突发事件

体育课堂突发事件，有的是可以预防的，有的是防不胜防的，但该如何分析判断可不可预防的突发事件呢？也就是说判断的依据是什么呢？总体上来看，主要依据突发事件发生的原因来判断是否可以预防。例如，对于因地面不平整、雨后地面湿滑等发生的突发事件都是可以预防的。因为课前可以事先将场地进行修整，填平那些坑洼地面；可以事先将有雨水的地方进行处理，使其变得干燥，这样因滑倒而产生的伤害事故就可以最大限度地避免了，或者在运动中多一些具体的安全防范提示等。又如，因学生的组织纪律性较差导致的突发事件也是可以预防的。一方面通过强调课堂纪律，减少或防止无组织无纪律的过于自由化的打闹现象，另一方面可以增强教学手段的新颖性和趣味性等，让学生把更多的时间和精力投入学练过程之中，也可以尽可能地减少突发事件发生的概率。

对于判断为难以预防的突发事件而言，把握之难在于，是主观意识上的，是语言上的，还是行动上的。是能力经验问题，还是与能力经验无关的问题。例如，当前热议的“致命的例假”的案例，教师不仅在课的开始部分履行了安排见习生的课堂常规，而且教师们的经验当中几乎也都没有因例假而致命的预判。这一突发事件可以说经验再丰富的教师都难以预防。假如课前任课教师了解到学生最真实的身体状况，相信他们都不会再安排先天性心脏发育不良的学生像身体健康的学生那样参加剧烈的运动。因此，提前预知身体状况是可以最大限度避免危险性突发事件发生的。关键问题在于，一是出于种种原因，家长或许没有及时告诉学校孩子的身体真实状况；二是任课教师要积极主动与班主任沟通，可通过问卷的形式，对任教班级的学生进行问卷调查，从而对学生的兴趣爱好、健康状况有一个全面的摸底。也就是说，教师们起码要做到自己应该做的。如果学生或家长不如实告知身体情况，一旦发生恶性突发事件，那么教师已认真履行了应尽的责任，在追责上起码有一个合理的说法。为此，可预防的要尽可能地做好预防工作，难以预防的要准确判断其难点所在。教师们在通过体育课促进学生身心健康和进行技能传授、担当健全人格培养重任之余，也不可忽视自我保护。

三、评突发事件的有效方式

在评体育课突发事件的时候，可以采取多种方式，但无论采取何种方式，其目的是能够充分地表达出突发事件背后教师对各种事件的现场处理能力，包括具有负面影响的突发事件的预防能力，以及该类突发事件发生以后，教师的处理能力；具有正向作用的突发事件，教师巧妙地借鉴和施教能力等。实际上，多数情况下，评突发事件不仅聚焦于突发事件本身，而且对突发事件发生的过程、产生的原因、处理的效果等都要进行综合评说。为此，下面重点从两个方面讨论如何有效评突发事件。

1. 独立式：就事论事评突发事件重点把握“全面性”

独立评突发事件，是将突发事件作为一个单独的要素进行评说，与其他要素是并列关系。也就是说，在评课过程中，对突发事件的具体表现、发生原因、影响作用、处理方式等进行单独评说，不与其他要素有更多的关联，即就突发事件而评突发事件。例如，体育课堂上小胖墩跳高险些摔倒被其他同学嘲笑的事情发生后，被嘲笑的小胖墩红着脸、低着头感到不好意思。任课教师见状马上走到被嘲笑的小胖墩面前，轻轻拍打一下小胖墩的肩膀说："没事儿，顶住！"整个过程是教师在课前备课的时候未曾预料的。

在评的时候，可以首先说该事件呈现出的是"小胖墩被嘲笑"的现象，发生的根源集中在学生身上，学生们缺乏同学间的真诚的友谊和相互关心、帮助、鼓励等良好品格。该突发事件对学生的影响，一方面，被嘲笑是不该发生的事情，嘲笑一发生，既影响同学间的团结，还影响被嘲笑同学的心理健康；另一方面，由于任课教师只是走到小胖墩面前进行了安慰，而未对发出嘲笑之声的其他学生有任何批评教育，因此，总体上是不利于全体学生的良好品德教育的。以后再发生类似情况，学生还很有可能再次发出嘲笑之声。教师对突发事件的处理方式，存在引导不到位现象。教师不仅要安慰被嘲笑的学生，还要对嘲笑同伴的学生进行批评教育，引导他们相互关心和帮助，不能嘲笑。评突发事件，要对其发生的过程、根源、影响和处理等方方面面进行评价，并提出如何预防和处理该类突发事件的有效方略。通过这样的就事论事式的评课方式，不仅分析了突发事件的前因后果，而且还能够让大家知道遇到类似的突发事件该如何做出有针对性的处理。

2. 融合式：要素整合评突发事件重点把握"关联性"

采用融合式评突发事件，是将其融入其他要素之中进行评说，而不是独立于其他要素之外。比如，依据体育课的各部分分类来评的时候，假如突发事件发生在基本部分，就在评基本部分的时候，连带把所有发生的突发事件一并进行评说。假如发生在准备部分或结束部分，按同样的方式处理。又如，评课者按优缺点情况进行评课，假如该体育课上出现的突发事件具有积极影响作用，且教师处理得当，那么就可以在谈该课优点的时候，对该突发事件顺便评说一番。但是，无论突发事件是否具有正向作用，只要任课教师处理突发事件的方式不得当，或因此产生更大的不利影响，该突发事件就可以放置于缺点部分评说。也就是说，要视突发事件及处理效果来确定评课的时机与方式。

同样是“小胖墩被嘲笑”的案例，我们采取融合式评的时候，首先，判断该突发事件发生在基本部分主教材学习的时段。其次，由于该突发事件发生以后，教师的处理方法不够合理，效果上还有欠缺，教育引导不到位，对学生的影响又不容忽视。因此，假如采用优缺点式的评，就要将其放入缺点或不足部分进行评说，还要讲明为什么存在不足，如何处理更为妥当，并能够提出多种处理方案。我们假设此突发事件发生以后，任课教师不仅安慰了被嘲笑的小胖墩，而且瞬间抓住了德育的时机，对全班学生进行了“不能嘲笑他人”的教育和引导，如此在评课的时候，就要将这一突发事件放入优点部分来评。为此，融合式评突发事件，不仅要关注要素之间的关联性，还要经历一个观察、分析、判断、选择、评说的全过程。

如何评突发事件？这既是一个大家在评课活动中都要时常面对的问题，又是一个具有一定技巧性的问题。为了更好地、全面而深入地评突发事件，不仅要分析突发事件产生的根源，还要能够从影响性、严重性、预防性等多个方面分析判断突发事件的性质，更重要的是灵活选择评突发事件的方式。希望本章能够为更多的评课者带来一些启发，也希望能够为广大的一线教师正确处理课堂上的突发事件提供有价值的参考。下面对评突发事件的方略做一个简单的归纳。

评突发事件的方略

体育课堂有多变，　突发事件常呈现；
事件发生有根源，　人事物体不新鲜；
客观原因有很多，　人为因素师生说；
判断事件要果断，　巧妙处理是关键；
伪造事件不可取，　能力体现重自己；
突发事件准确评，　独立融合方法明。

第八章　评安全防范的方略

安全问题一向是体育课和课外活动中一线体育工作者和管理者最担心的问题，尤其是随着安全事故发生引发的一系列纠纷的不断升级，已经造成越来越多的教师不敢组织带有一定危险性的项目的教学工作。无论是“一朝被蛇咬，十年怕井绳”的恐惧心理作用，还是“因噎废食”的不良做法，都说明安全事故已经不仅仅是大家的困扰与担忧，而且是影响体育教育工作者的健康与学校体育工作顺利开展的重要因素。评课活动中专门对安全防范问题进行点评不容忽视。该如何具体操作呢？

本章重点对如何评安全防范进行研究。结果显示，在评安全防范的过程中存在忽略、不全、有“点”无“评”等诸多不良现象，选择评安全防范的视角要尽可能地多元化，场地器材、教学设计、课堂组织、学生学习、整体效果等都可以作为评安全防范的视角。无论选择何种角度切入，都有其对应的方略。

一、评安全防范的若干现象与分析

评课中对安全防范进行点评，由于不同的评课者认识不一，看课视角不同，把握程度有区分，会表现出不同的点评方式。其中，部分点评者还存在不良的评安全防范现象。

1. 安全防范完全忽略

当参与一个评课活动的时候，你有可能会发现，有人在评课的过程中完全忽视安全防范问题。为什么会出现这种现象？究其原因，有两种情况需要引起我们的关注。一是评课者缺乏安全观念，要么是在看课的时候从来没有关注哪里存在安全隐患、教师有没有采取防范措施等。要么就是在看课的时候虽然发现个别地方存在安全隐患，但是由于未引起高度的重视，也就不以为然。所以，在评课的环节自然也就未曾涉及安全问题。二是评课者不仅有安全意识，还较为重视安全防范，但缺乏评安全防范的方法，结果因不会评而未谈及安全问题。例如，有人在看课的时候，认真观察了场地器材使用过程中的安全隐患，还对此做了记录，有些地方还记录了教师采取安全措施的各种语言表达方式，但是评课的时候却未能听到他关于安全防范的只言片语，究其原因，是不知道从何处切入，未掌握评的技巧。

2. 只对安全事故点评

有人在评课的时候，既不是无安全意识，也不是未观察安全问题，而是未能将安全隐患和不当的安全防范列为安全问题，只关注课堂上是否出现安全事故。有安全事故的体育课，评课者可能会提及该事故，而对有隐患但事故并未发生的体育课，评课者或许在评的时候就不会谈及安全问题。这一现象表明，评课者对体育课安全问题的认识不够全面，未能将隐患和不当防范列入其中，结果就会导致认识上的偏差。存在这种现象的评课者，只要把关注点前移至安全隐患，或许就能够较为全面地把握安全问题，评课的时候就能够从多个角度来谈。有事故发生的，可以先谈事故，再找根源，找根源的同时就可以对安全隐患和不当防范一并进行分析和点评；而对于未发生安全事故的课堂，可以直接从安全隐患谈起，进而过渡到防范工作做得如何。总之，只对安全事故进行点评，是不全面的。

3. 课前课中点评不全

要在评课的时候把握全面性，不仅要对关于安全问题的课中所见所闻进行点评，还要考虑课前教师对安全隐患是如何处理的。或许有人会问，看课评课，课前教师的准备又看不到，怎么能够对此进行点评呢？实际上，我们看课的时候，体育课上存在的安全隐患或教师对此做出的防范措施，甚至出现发生安全事故的情况，不仅仅是课堂现场存在，很多情况下在课前就有。例如，教师课前的设计，对场地器材的安全隐患考虑不周全，结果在课上场地器材的使用过程中多次出现危险情况。又如，一节观摩课上，教师组织学生在体育馆篮球场地上进行立定跳远辅助练习的时候，因场地较滑又加上是在地板上铺的小泡沫垫上跳，结果导致多名学生连续摔倒。看似都是在课堂上出现的情况，实际上，都反映出教师课前准备的不足。因此，课前的准备情况也要作为评课堂安全的不可忽视的内容。

4. 安全防范有“点”无“评”

假如将点评进行细分的话，可以将其拆分为“点”与“评”两字或两种相继的活动。点，大家都很熟悉，即将某事情或现象指出来。而评呢，是要对指出来的事情进行评说，它怎么了？为什么？怎么办？从“点”与“评”两层含义再回过头来看安全防范的点评，我们就不难分辨出，有些评课者只是指出了体育课上哪里存在安全隐患，以及教师是如何做安全防范工作的，假如仅仅是做了这样的评课表述，就等于是只“点”无“评”，是不到位的评课，因为并没有体现出真正意义上的评。例如，一节鱼跃前滚翻课上，任课教师组织学生两两面对面在垫子上做直体前倒动作。这是一项有较大安全隐患的练习，当时没有出现任何安全事故，并不是教师采取了防范措施，而是学生自我本能的反应。在听到教师吹出统一练习的哨声之前，他们都往后退了一步才继续做动作，这样他们才安然无恙。评课者假如只是看到了并提到了该练习带有一定的安全隐患，容易造成学生两两相撞，那么这样的评课并不全面，或不到位。因为评的时候要能具体到为什么会存在这样的安全隐患，为什么没有出现伤害事故，如何消除安全隐患等。

二、评安全防范的视角选择与方略

在评课活动中评安全防范，可以从多个视角选择切入，诸如从场地器材的角度评、从教学设计的角度评、从课堂组织的角度评、从学生学习的角度评，还可以从整体效果的角度评。无论从哪个角度切入，都可以贯穿于全课，并能够从安全隐患的有无、大小，防范措施的有无、合理与否，事故有无发生、严重性等全方位对安全问题进行点评。

1. 从场地器材角度评安全防范

关于体育课上的安全问题，大家最担心的或许就是由场地器材的质量不过关、不符合卫生标准或使用不当导致的那些安全问题。看评课活动中，不仅要全面关注课前任课教师对场地的检查、对安全隐患的防范处理，而且要重视观察课堂教学过程中场地器材的使用情况。评课时需要对整堂课场地器材使用过程中任何一个存在安全隐患的地方都无一遗漏地系统评说。如可以从场地安全问题谈起，主要包括地面平整程度、硬度、光滑程度、周围障碍物等，这些都是评场地这一要素时不容忽视的地方。例如，就不平整的场地的使用而言，任何一项运动在不平整的场地上组织教学活动时都有可能存在一定的安全隐患，关键在于任课教师对不平整场地的使用是否做了有效的防范工作，做了哪些防范，这是评课者在评课时需要认真思考的。

器材的使用也是如此，器材在场地上的摆放位置、方式不合理以及使用不当，也都或多或少、或大或小地造成安全隐患，评课的时候也不容忽视。就长器械（如武术的棍、软垒棒等）而言，如果在使用过程中学生所站队形不同，安全隐患大小就会不同。就体操单双杠、山羊或跳箱等器械而言，要认真观察学生是如何使用的，从杠上脱手、从箱或山羊上摔落的防范措施做得是否到位等，评课的时候也需要指出来。另外，体育课上一旦有自制器材的使用，自制器材的材质、规格、使用过程中是否出现意外等也要相继评说。总之，假如是从场地器材角度评安全防范，最好能够自始至终围绕其进行全面而深入的点评。

2. 从教学设计角度评安全防范

一节课上是否存在安全隐患，或有隐患的地方是否采取了防范措施，实际上从这两点就可以看出任课教师在进行教学设计的时候有没有进行周密的考虑。从教学设计的角度进行评课的时候，一方面要看教学设计文本当中有没有关于安全隐患及其防范措施的表述；另一方面要看教学设计上是如何表述的，是具体的、全面的，还是空泛的、片面的。有没有文本表述和表达到不到位是从教学设计角度评安全防范做得好与不好的关键所在。那么，教学设计文本中哪些地方需要呈现安全隐患及其防范的表述呢？可以采用集中的方式，用“安全防范”等要素将一节课上可能存在的全部安全隐患和即将采取的防范措施一一进行列举，包括课前的安全检查方法等。也可以采用分散的方式，将那些可能存在安全隐患的地方放在教学过程的对应环节评。如在准备活动期间安排某项活动的时候存在安全隐患，就可以在准备活动部分提出；基本部分主教材学习或组织游戏期间存在安全隐患以及有防范措施的话，也同样可以在相应之处做出相应的表述。总之，依据个人习惯或自己所在区域的教学设计规范要求灵活把握。在教学设计中有一定文本体现，评的时候要注意引导，而不只是简单地评有没有，是否具体，要能够分析评判，还要具体指出原因所在。

3. 从课堂组织角度评安全防范

体育课堂上安全事故的发生，与组织工作的好坏有着很大的关联，因此也可以从课堂组织角度评安全防范。从开始部分的集合整队，一直到结束部分的收还器材、师生再见，无不存在着各种各样的组织方法与措施。只是不同的教师有着不同的组织能力和组织效果，那些善于组织或能力较强的教师的体育课堂，发生安全事故的可能性较小，反之，就有可能存在较突出的安全隐患，甚至发生伤害事故。例如，前面谈到的一节弯道跑课，教师组织学生围绕两个事先画好的圆练习弯道跑动作的时候，教师让学生围绕两个圆交叉跑动，结果，出现学生之间相撞现象，这种安全隐患和潜在的危险是不容忽视的。如果某节课有安全事故，评课的时候，从课堂组织角度，就要看一看是否是组织不合理造成的，如果组织工作的疏忽导致了安全事故的发生，或存在着较严重的安全隐患，就要一针见血地指出组织的不合理之处、存在安全隐患的根源，要能够让任课教师充分地认识到因组织工作的疏忽很有可能引发安全事故，并对此高度重视起来。

4. 从学生学习角度评安全防范

学生在体育课堂上参与的所有学习环节都不可忽视安全隐患及其防范问题。无论是教师有指令的学习活动，还是学生自主的学习活动，预防伤害事故发生至关重要。学生学习过程中的安全隐患，一方面很有可能是源于教师安排的练习方式不当，导致学生在练习中存在一定程度的安全隐患或出现伤害事故；另一方面也很有可能是学生在学习过程中的组织纪律性不强，练习中注意力不集中，或学生之间的配合出现了问题；等等。从学生学习的角度评安全防范的时候，首先要通过观察分析哪里有安全隐患，是在进行什么内容的练习，是什么形式的练习；其次要分析判断是什么原因造成的安全隐患或事故，是客观的还是主观的，是自身的还是外在的，以及安全隐患或伤害大小，是否进行了防范，学生有无防范意识和行为，等等；最后，就是要针对所发现的学生学习过程中的安全隐患或事故，提出有针对性的防范措施，如果原本课堂上防范措施不得力，还要给任课教师提出如何改进的建议。因此，从这一角度评安全防范的时候要把握两个不可忽视的方面：一是学生的安全意识和自我保护能力；二是任课教师有没有及时发现学生学习中的安全隐患，以及对此有没有做出正确的引导。

5. 从整体效果角度评安全防范

体育课堂上是否存在安全隐患，防范措施是否给力，总体上的安全隐患及防范呈现出了何种特点，假如从体育课的整体效果来评安全防范的话，以上问题都不容忽视。在评课的时候，针对安全问题可以首先判断有没有安全事故发生，如果有就要分析根源，以及提出规避措施；如果没有就要看是否存在安全隐患，隐患的危害程度，以及哪些环节隐患明显，教师采取了何种措施，有没有教育引导和培养学生的安全意识和防范能力。总结归纳体育课在安全隐患及防范方面的特点也非常重要。例如，某节课的安全防范特点是全面、具体、有效，进一步分析，课上师生对安全隐患及其防范也都非常重视。课前任课教师对场地器材做了安全检查，在课的开始部分向学生做了正确的引导，教学过程中针对有可能存在安全隐患的细节，教师也都认真观察、提醒，规避了安全事故的发生。相反，假如某节课属于安全隐患突出，防范做得不够到位的课，评课的时候，无论是否有安全事故发生，都要能够及时指出安全隐患所在，说明安全防范不做或做得不具体的不良现象及其影响。更要能够评出该课之所以存在这样的现象，主要是教师的安全意识淡漠，防范措施不得力，或对学生的安全教育不够，以及学生缺乏一定的安全意识和防范能力所致。

评课过程中不可忽视安全问题，无论是否发生安全事故，也无论从哪个角度去评，都需要较为全面、具体和深入。通过评安全防范，一方面要引起大家对安全问题的重视，另一方面，还可以通过系统和较为深入地评，引导教师更加重视它，即从思想上和方法上达到对安全问题的把握。这既是体育课程改革的明确要求，也是学生健康发展需要重点关注的，更对解除或降低任课教师对安全问题的后顾之忧而言是十分必要的。下面对如何评安全防范做一个简单的归纳。

评安全防范的方略

安全防范问题多，评析现象分开说；
看评安全把握住，有点无评不深入；
只评事故轻防范，评课效果不全面；
评出技巧选视角，场地器材为首要；
组织练习隐患有，如何防范不放手；
教学设计有体现，课前课中都关键。

第三部分

体育教师评课——课例分析

体育教师掌握了评课基本理论与操作方法以后，或许已经能够尝试着独立地去评一节或多节课，并能表现出一定的专业水平。但是，为了能够强化教师们的评课技巧，对不同类型的课从评课思路与方法方面进行案例评析十分必要，因为不同类型的课有着不同的目的，观察的视角以及评课的方式也应有所区分。因此，本部分重点从大家比较熟悉的评优课、常态课、研究课这样的不同课型出发，以立定跳远、肩肘倒立、快速跑三节课为例，重点分析不同类型课的评课方法与应把握的技巧。

第一章　评优课：按“六性”标准评出客观性

很多地方在组织评课活动的时候，都会或多或少、或宽或窄、或粗或细地有相应的评课标准。因为，评优课与常态课、研究课最大的不同是：评优课多数是以量化的方式去评，即要评出分数高低，确定课的奖项或名次，所以标准成了评评优课的必备材料。本章重点谈如何利用“六性”标准去评评优课。

一、了解评优课“六性”标准

“六性”标准是什么？各个特性如何准确把握？如何利用这一标准去评评优课？下面做具体探讨。

1. 为何构建“六性”标准

在提出“六性”标准之前经常遇到这样的困惑：为什么不同的评优活动组织者评课标准不一？有的所评内容差别还很大。主要原因是目前国内尚未制定出评优课的统一标准。能否建立统一标准呢？为什么某区域在评课活动中提供了统一标准，但不同的评课者还会评出不同的结果？之所以有的评课结果一致性较低，是因为不同的评课者评课能力、视角有所不同，或许还会因为评课标准可操作性不强。因此，建立既客观又具有可操作性，还能够趋于一致的评课标准十分必要。

“六性”标准是从评优课所能表现出六个特性的角度确定的指标体系。一节评优课无论是否达到了优秀的标准，都能够从以下六个方面的特性进行评判，即真实性、完整性、准确性、创新性、实效性、安全性。假如从这六个方面去衡量一节评优课的质量优劣、水平高低，基本上是较为全面的。而且，通过教师们平日的经验，基本上能够相对准确地判断出这六个特性在课堂上的具体表现。同时，如果评课者都能掌握并运用这六个特性进行评课的话，所评结果不会相差太远，基本能够保持评课结果的相对一致性。

2. 评优课“六性”标准是什么

“六性”标准是什么？每个特性具体含义如何解释？每个特性所占权重如何分配？这些问题都是需要首先了解的。关于“六性”标准在前面的章节中我们已经做了一些介绍，包括权重和具体表现，进一步分析该标准，我们不难看出，“六性”标准的评课视角大致可以概括为：真实性，主要是看真不真，即是否有作秀或表演成分；完整性，主要看全不全，即内容等是否有缺失部分；准确性，主要看准不准，即教学手段方法是否准确；创新性，主要看新不新，即形式方法是否有所创新；实效性，主要看实不实，即组织教法实际效果如何；安全性，主要看防不防，即安全防范做得是否到位。通过六个特性进行评分，基于教师们的经验，便于判断，也更加能够体现不同评分者的相对一致性。进一步理解六个特性的含义如下。

（1）真实性

真实性重点看一节评优课的真实程度。多年前，有教师提出这样的建议：体育教学观摩展示活动别再举办了。为什么？当进一步追问的时候，笔者获悉，原来这位教师认为过去通过评优评出来的优质课在展示观摩的时候，很大程度上都是在表演，或作秀成分太大，不能在常态课上实现，因此他才提出此建议。通过分析可知，这种现象确实存在，更有甚者，从课的开始到结束几乎都在演戏一样表演着各个环节。观摩者没有兴趣，上课者同样也会在演示的过程中缺乏激情。曾有一位获得过一等奖的教师为了一节评优课准备了近 8 个月。可以想象 8 个月反复演练的结果会是什么样，除了熟练“驾驭”了课堂之外，任课教师的感觉往往是厌恶了这一教学内容。甚至有教师说，“一提起这一教学内容就想吐”。这说明，作秀或表演的不真实的课是不可取的。

然而，要想达到真实就要尽可能地减少作秀成分，但这有一个矛盾，很多教师处理不好真实与事先演练之间的关系。在评优课展示之前往往经过反复演练，因此难免会出现一些表演痕迹。为了提高真实性是不是就不能事先演练了呢？这并不是绝对的，但要把握好度。假如一次不演练就能上好课，可以不演练；假如不踏实，信心不足想事先做几次演练，也不是不可以。度的把握是关键，但具体展示时巧妙的处理也十分重要。总之，要尽可能地减少或消除表演痕迹，提高课的真实性。从权重分配上，真实性占10%的比例，虽然在所有特性中所占比例相对最小，但也说明从真实性上评一节课不可忽视。

（2）完整性

一节课是否完整是衡量课优劣程度的一项不容忽视的重要指标。所谓完整性，是指课堂常规是否到位、课的内容呈现是否全面等。

首先，我们来看看常规不完整的若干情况。常规不完整的表现有很多，就对评优课的观察可知，最常见的常规缺失是不安排见习生和不收还器材。对于不安排见习生而言，看似不太能引起大家的重视，实际上其背后反映出很多问题。我们先了解一下为什么有些教师不安排见习生。笔者有一次带着这样一个好奇的问题咨询了一个刚刚上完评优展示课的教师：“请问您在课的开始部分为什么没有安排见习生呢？”这位教师回答：“没有见习的。”我又继续追问：“为什么呢？”他回答：“学生都是挑出来的。”实际上，即便是挑出来的，因为不是现场挑的，而是提前一两天甚至更长时间挑选确定下来的学生，在上课的时候也依然需要问一问有没有见习的学生。假如上课的前一天晚上有学生生病或受伤了，但是他依然坚持来到体育课上，教师并不知情，一旦不安排见习生，出现因伤病而突发特殊情况的话，教师的责任就难以规避，也不利于学生的身心健康。因此，安排见习生是不能忽视的最基本常规。

评优课上是否安排见习生还与一些教师的教学能力有关，有些课上任课教师不安排见习生是担心一旦有人见习，可能就难以组织游戏或分组练习了。一次一位任课教师说：“如果有一两个人见习，我设计的4个人一组的游戏就没法做了。”可以看出，这种不安排见习生的做法显然是因为能力有限所致。但无论何种原因不安排见习生，都属于常规不完整的情况。

另一种情况的常规不完整具体表现在不收还器材上。过去经常会看到这样的评优课，在课即将结束的时候不是任课教师和学生一起将所用器材收还到器材室，而是由几个同事协助将器材收回。这种现象常态课上很少见到，甚至见不到类似情况。同时，不让学生一起收还器材也不利于对学生的教育和正确引导。

其次，我们再来讨论一下内容不完整的情况。有的表现为准备活动内容缺失，如有的课上明显需要做专项准备活动，但整个准备活动内容安排中却没有考虑到专项准备活动。还有的体育课缺少的是放松整理活动内容，有的在课的基本部分安排了一定量的肌肉力量练习，但放松的时候仅仅让学生做了短暂的意念放松，这显然达不到放松的目的。甚至还有的课堂上或许由于时间安排不当，根本就没有考虑到安排放松活动，结果是结束部分小结完就下课了，没有做任何放松活动。

总之，无论是常规的不完整还是内容的缺失，一旦在评优课上出现该情况，都可以在完整性占 10%这样一个权重范围内酌情扣除一定的分值。

（3）准确性

一节课教得准不准，从很多方面都可以进行判断。首先，教师讲解、示范是否准确？包括有没有讲解和示范错误现象发生，有没有示范位置选择不当不利于学生观察的现象，有没有在讲解示范的时候向学生提出听讲和观察的具体要求等。如有一节途中跑课，课上教师在做示范的时候用上了站立式起跑，结果教师在示范的时候，两次示范都将站立式起跑姿势做成了一顺儿，即同手同脚，而且还向学生强调这是正确示范。除此之外，在强调是正确示范的时候，一脚还踩在线上，并让学生认真观察其脚和手，以及上下肢是如何配合的。这样的示范不仅是不准确的，而且是完全错误的。还有的示范并没有做错，只是站位过远，不利于学生观察；有的是选择示范面不当，也同样会带来不利于学生观察的负面影响。以上都是教不准的现象，一旦教师教不准，学生也就很难学准。

其次，教学手段方法是否准确？在进行某项内容的教学时，所选择的练习手段是否有利于学生的学习和掌握技术动作，是否出现把学生从会教成不会的不良现象。教学手段方法安排不准对学生的最直接影响就是学生难学会，甚至根本就学不会。如一节跪跳起课，教师安排了一项手拉手练习活动，一人跪在垫子上，一人拉着跪在垫子上的同学的手，教师让他们两人一组练习跪跳起。可是，几乎所有的学生都没有跳起来，因为跪跳起的技术环节是摆、压、提。一旦把摆的动作控制住了以后，接下来的两个环节就很难依次完成。更有甚者，某任课教师教弯道跑的时候，让学生两人一组练习斜身直走体会过弯道时身体内倾的动作，结果由于是让学生在直道上练习，几乎所有的学生从直道上跑动的时候就开始倾斜着身体了，这显然是练习手段选择不当造成的。

最后，目标定得准不准？确定教学目标不仅要考虑全面，而且还要兼顾具体可操作性。看评课的时候，我们除了要了解目标制定的情况如何，更要看目标达成的情况怎样。就目标制定的全面性而言，过去很多课的教学目标仅考虑到了大多数学生，也就是说，只见到了大多数学生的目标内容，而没有少部分学生的，从这一点上看就等于违背了课标中的课程基本理念第四点“关注区域差异和个体差异，让每一个学生受益”的明确要求。如某节篮球传接球课上，教师仅写出了80%左右的学生应完成的学习任务，忽略了剩余20%的学生要学到什么程度的目标定位。就目标的可操作性而言，很多目标都定得比较笼统而不具体，很难操作，更难以评价目标达成情况。如有些教案的教学技能目标常常表述为“初步掌握……”“进一步提高……”等，结果完成到什么程度是初步掌握了，什么情况下又是达到进一步提高了，很难做出具体而准确的判断。就目标的达成情况而言，假如目标的确定是全面而具体的，还要看实际教学中教学组织是否已经顺利达成了目标，如果目标未能达成也是教学有失准确性的具体表现。如一节排球垫球课，教师确定的是2人一组相距3米连续垫球，约70%左右的学生能够连续垫10个球的目标。可是，在课的基本部分即将结束的时候，学生最多只能连续垫起5个球左右，很少有人能垫起10个，更别说是达到70%左右的目标了。

相对于真实性、完整性而言，一节课的准确性在权重分配上占据了20%，更需要认真把握。评课者在评课的时候也要在准确性的把握上花费更多的精力，从而更为精准地做出判断。

（4）创新性

一节课是否新颖既是教师能力的体现，也是评判评优课优劣程度的一项重要指标。常态课或许并不要求每节课都要新颖，因为任课教师也难以做到堂堂课都能够新颖。但是，一旦要上一节评优课，或参加体育课的评优活动，几乎所有的教师都会考虑创新问题。要么在内容选配上创新（如创编一个新颖的游戏），要么在手段选用上创新，还有的在场地器材布置上尽可能地创新，等等。但是否真正体现出了创新性，创新的环节应该放在何处效果最佳，即如何把握创新的时机等一系列问题都值得进一步探讨。否则，就有可能出现为创新而创新的形式化创新现象。

体育课的创新可以有多种不同的方式，但要避免虚假创新，因为一旦被别人感觉到是一种不切实际的创新，这种所谓的创新带来的后果只有一个，就是降低课的质量，这样距离评优目标会越来越远。

首先，我们先来看看内容选配上的创新性。在一节课上，从内容的选配角度来看的话，在基本部分主教材确定以后，无论是准备部分的准备活动内容，还是基本部分的内容呈现，或是结束部分的放松活动内容，都可以考虑其新颖程度。有了一定的创新性呈现，或许会给人耳目一新的感觉，尤其是当其他评优课未能在这些部分呈现任何新颖元素的时候，适当地在内容选配上体现创新，胜出率就会有所提高。但不能出现为创新而创新的做法。内容创新的前提是要考虑其功能价值，为什么在某部分内容选配时体现创新，一定不能忽略该内容要发挥的作用，如果作用未能体现，而只是让人眼前一亮，就难以达到理想的效果。如一节小学二年级的跳单双圈课，参与评优展示课的任课教师在课前耗费了很多精力和时间等成本，制作了一二十棵“大树”摆放在场地上。看上去较为新颖别致，学生们或许也会很期待参与其中，但是在准备部分开始以后，教师带着学生仅仅从大树林的这端绕一圈走向了另一端，总共停留不到 1 分钟的时间就走出了“树林”到达另一块场地参与单双圈练习活动。可见该项活动缺乏真正意义上的创新性，学生自然也难以从这一教学活动中有所收获。这样的内容创新不当，一定程度上会影响到评优课的总体效果。

与此相反，一位任课教师在一节高一鱼跃前滚翻课的基本部分课课练上，想通过该部分的练习提高学生的上肢力量。虽然他选择的依然是人们常用的俯卧撑内容，但不同的是他组织学生做俯卧撑的形式发生了变化，不再是要求每人做几个、做几组，而是变换成了一种俯卧撑接力比赛。比赛开始，每组排头先做第一个，然后其他学生按第二个、第三个这样依次接力做下去，看哪一组在规定的时间内完成的次数最多。看上去都是俯卧撑，但是由于把练习升级为比赛，让学生在赛中练，并提高了学生的兴趣，培养了团队意识，学生的上肢力量自然也能够得到较好的锻炼。这源于什么，源于任课教师在设计创新的时候，最先想到的是该创新能发挥什么作用，要把握哪些关键，而不是单纯追求形式上的创新。

其次，我们再来讨论一下教学手段上的创新。前面我们已经谈过，基本部分主教材内容一旦确定，该内容就不能随意更换，因为该内容是由教学进度要求所决定。但是，我们完全可以在该部分内容的教学手段上做文章，从而提高创新性和实效性。例如，一节小学五年级的跳远课上，由于学校场地有限，没有跳远沙坑供学生练习，教师就用大垫子代替了沙坑组织学生的练习活动。教师确定的该课的重难点是：学习并掌握踏跳（或起跳）技术是重点，踏跳有力是难点。在组织学生进行练习的时候，教师事先为每组准备了两个挤压能够发出响声的橡皮娃娃，示范、体验练习环节结束以后，在进行分组自主练习时，教师让每一组学生在踏板的前端两个角下分别放一个小橡皮娃娃，从而让学生在练习的时候体会用力踏跳的效果。如果学生用力较大，橡皮娃娃发出的响声就大，反之则响声较小。采取这种练习手段大大提高了学生练习的积极性，同时也能够检验学生练习的效果，更为重要的是不知不觉中既强化了重点又突破了难点。这种创新是值得肯定和点赞的，而且这种创新有利于学生运动技能的掌握。

创新性在整个指标体系中占 15%的权重，一节评优课在创新方面的体现是什么，从有无创新，到创新效果的优劣，再到创新时机的把握，教师们均可以借助自己的经验给出一定的分数。当然，最好的创新是基本部分主教材学习的时候采取了有效的创新手段，因为该部分的创新会带来明显的教学效果。

（5）实效性

实效性对于任何一节评优课来说都至关重要。假如一节课没有太大的表演痕迹，结构、内容上也较为完整，也有一定的创新成分，那么组织教学的实际效果对于一节课是否真正为优质课决定性更强。也就是说，最为重要的是要看是否有效，有多大的效果。当然，可以从多个角度观察判断实效性，但很多情况下都是集中在学生的学习方面。下面从“四学”这个角度逐一分析评优课的实效性。体育课“四学”是指学生在学习的时候体现出来的学准、学会、学乐、学热的四种表现。

首先，学准。前提是教师教准。假如我们前面谈到的准确性有所体现，教师既没有出现错误的讲解与示范，也在选择教学手段的时候能够准确地提高学习效率，学生学准就能够得到充分体现。学准的具体表现是听准、看准、练准等，这都与教师的教准息息相关。如要想让学生看准，教师的示范动作、示范位置、示范方位的选择等都至关重要。学生是否达到了看准，一方面看学生的表情，学生在观察的时候是疑惑不解的神态，还是豁然开朗自信淡定的表情，不一样的表情表达着不一样的效果；另一方面看学生的动作，学生在模仿教师动作或自主练习的时候和教师要求的动作是否有差距，有多大的差距，这些都能反映出学生是否看准了。尤其是教师示范的效果都能够从学生练习中得以验证。

其次，学会。什么是会了？过去在回答这一问题的时候，多数带有不确定性，那什么样的表现算是学会了呢？实际上，我们可以从五个方面来评定，即会说、会做、会用、会学、会做人。就同一节评优课而言，由于教学进度单元课次的原因，在一节课上“五会”很难同时得到体现。但是对于任课教师而言，要能够了解并认真把握这“五会”所处的不同阶段，力求在相应阶段让学生达到学会的程度。如新授课阶段，即一个单元的第一次课上，让学生达到会说并不难，而难在会做等几个方面上。可是，每一节课都不可忽视对学生其他方面的培养。即便是新授课，学生还不能达到会做的程度，但是也要能够安排适当的有利于学生会做的练习活动，尤其不可忽视的是要兼顾学法指导，即让学生在观察、听讲、练习的时候就掌握有效的方法，以便于学生在学习过程中逐渐掌握方法，提高学习实效。每一节课上引导学生会做人更不容忽视，党的十九大强调了“立德树人”这一根本任务。“立德树人”要求全科育人，体育也不例外。体育课上教师要善于捕捉学生表现出的良好品格的闪光点，还要能够及时抓住时机巧妙育人，培养学生良好的体育品德。

再次，学乐。学生在一节课上是否达到了学乐，我们从学生的各种表现中就能够较为准确地做出判断，诸如学生的积极性提高、学生呈现出喜悦的表情、学生勇敢接受挑战、学生能够主动与同伴配合等。一切正向的积极的表现都能够证明学生是在快乐中学习，同时他们又体会或享受到了体育活动带来的乐趣。当然，我们也要能够辨别学乐的真假情形。有些课上，教师为了取悦学生，非常牵强地穿插一个搞笑的动作或安排一个缺乏教育意义但比较有趣的游戏，这样的乐的效果往往仅停留在表面，而难以激发起学生自身的原动力，短暂的微笑迎合之后，学生依然是被动参与，这说明学生并没有真正地学乐。

最后，学热。学热的体现主要看出汗程度，但或许有些人出汗并不表现在面部，那么该如何判断学生是否学热，或真正达到了学热的效果了呢？我们需要把握以下几点：一是体育课上的时间分配，用于学生练习的时间达到多少，是否是一半以上的时间都用在了学生练习上，如果不是，学生自然就难以学热。二是单个学生练习的时间分配，练习密度高低不是用全班学生的练习时间衡量的，而是单个学生在课上各项练习时间的总和与课的总时间之比再乘以 100%。那么，每一个学生在课堂上的练习时间都要能够有所保证。过去提出教师要把握“精讲多练”的原则，实际上为了提高练习的实效性，能够让学生热起来，还要注重让学生“少等多动”或“少站多练”。体育课中学生“候学”过多影响学热的情况如图 3-1-1、图 3-1-2 所示。

图 3-1-1　足球课上学生排长队取器材

总之，实效性占 35% 的权重，评课者除了从“四学”等多个角度去把握，还可以有自己独到的视角。但实效性是可观测的、可评价的，是能够准确把握的。

（6）安全性

评优课上是否安全主要从哪些方面来评价？一方面是看有无伤害事故发生，另一方面看有无安全隐患，以及安全隐患得到了什么样的防范，是否是有效防范。在评课的时候，我们不能仅以有无伤害事故来判断安全性高低，而是还要看安全隐患的有无和防范措施是否得力。假如一节课上没有出现任何伤害事故，安全性上也未必就能够得到满分。那么，如何判断和把握安全性呢？

图 3-1-2　体育课上分组组别过大导致很多学生等待

首先，评课者要高度重视一节课上的安全问题。认真观察、深入分析、准确判断至关重要。因为有些时候安全事故的发生并非都是源于教师不当的组织，有些时候与学生的自我保护意识和能力尚未形成也有着密切的关系。还有些是尽管教师再三强调注意安全，但依然有学生做出危险行为。要想准确判断安全性高低，评课者就不能忽视安全与否的判断依据，即产生根源的深度剖析是评判安全性的前提和保障。

其次，安全性评判要有相应的标准，何为安全性高，何为安全性低，用什么来判断，评课者心中要有一杆秤，这杆秤要能够衡量安全问题给课带来了什么影响。凡是在课上出现安全事故的，若 10 为满分（10%权重）可以从 5 分算起，也就是说，几乎可以因安全事故的发生扣除一半的分值。再加上课上安全隐患比较明显，而教师并没有采取及时有效的措施加以防范，剩余的这 5 分依然可以再次累加扣除。假如一节课上有安全隐患，教师做出的防范措施也不够到位，但是尚未发生任何伤害事故，这样的情况所扣除的分数应该控制在 5 分以内。根据隐患大小和教师做出的反应情况适当增加或减少扣除的分值，但总的扣分控制在 5 分以内为宜。即使未发生安全事故也不等于就可以 1 分不扣，因为隐患随时随处都有可能存在。然而，当有隐患，教师的防范措施比较得力的时候，扣除的分数应该控制在 5 分之内为宜。具体的有无伤害事故、有无防范等采取的评分方略可以参照图 3-1-3。

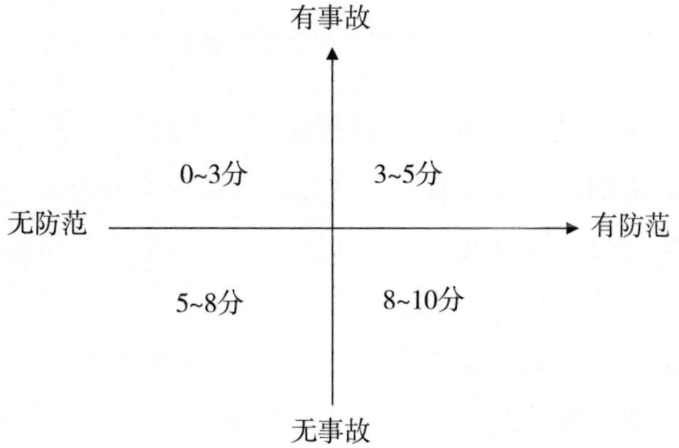

图 3-1-3　评优课有无安全事故与有无防范措施的推荐分值分配

从图 3-1-3 可以看出，有事故的情况下，评分线可以控制在 5 分以下。如果有防范可以相对控制在 3~5 分之间。假如有事故又没有采取有效的防范措施，多数情况与教师的安全意识和防范能力有关，分数可以控制在 0~3 分之间。根据事故大小来确定分值高度。相反，对于无事故发生的体育课，安全性分值可以控制在 5 分以上，再根据防范的有无来具体确定是 8~10 分之间还是 5~8 分之间。

假如一节课上没有出现任何安全事故，也有两种情况：一种情况是课上没有安全隐患，一种情况是有安全隐患，那么，教师对安全隐患处理得如何也可以用此方法做出分值判断，如图 3-1-4 所示。

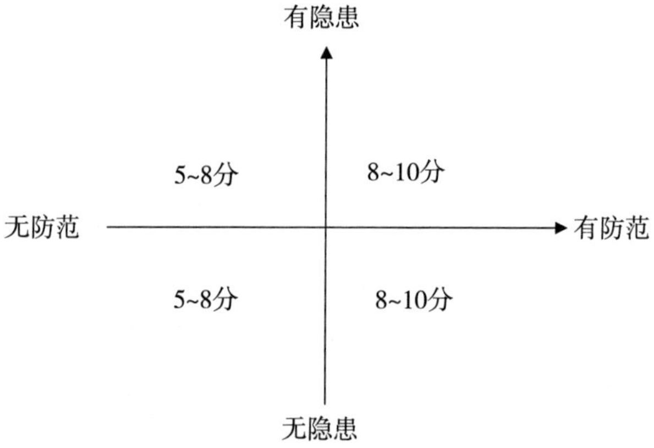

图 3-1-4　评优课有无隐患与有无防范措施的推荐分值分配

从图 3-1-4 可以看出，在没有出现伤害事故的前提下，无论有无隐患，凡是做好安全防范的，都可以将安全性分值控制在 8 分及以上。相反，未能做出防范措施处理的，尽管没有出现伤害事故，但是发生伤害事故的可能性随时都会存在，因此，凡是无防范的，无论隐患大小都应将其安全性分值控制在 5~8 分之间，之所以不在 5 分以下，是因为未发生大小不等的安全事故，等于是相对安全的一节课，但绝不是绝对安全的课。因为课上缺乏防范措施。体育课上的安全隐患如图 3-1-5、图 3-1-6 所示。

图 3-1-5　两手插兜跑步而存在隐患

图 3-1-6　跑步场地脚下有杂物、砖块而存在隐患

3. “六性”标准如何把握

了解了“六性”标准的具体含义，在针对一节课进行评优的时候，还要把握几个关键点，即全、细、深。

“全”的含义是指观察要全面，观察“全”方能评得“全”。例如，要判断课上得是否完整，除了需要观察课的开始部分有无安排见习生之外，还要观察课上其他部分课堂常规是否缺失，也就是说，要尽可能地把握课的全貌，只有全面把握以后才能较为准确地判断某一特性的呈现结果。再如，要判断实效性如何，除了看学生是否学得准之外，还要全面把握其会的程度，以及是否学乐了、学热了等。全面把握是能否评出优质课的前提。

“细”的含义是指观察要细致，观察“细”才能评得“细”。细节往往隐含着关键环节，甚至起着决定性作用。因此，在评课的时候，对学生的观察要细致入微，哪怕是一个不一样的表情，评课者只要认真观察，也能观察出不一样的结果。例如，当教师批评某学生的时候，有学生暗自窃喜；当教师表扬某学生的时候，有学生表现出极其不友好的表情。如果教师观察到这样的情况并做出了反应，及时正确引导，那么这节课就较为巧妙地抓住了育人的时机。评判的时候自然就更有理有据。

“深”的含义是分析要深入，分析“深”才能判断“准”。评课除了对性质进行判定外，还要有优劣高低上的鉴别。假如不对观察的一些现象或问题进行深入分析，就有可能会形成错误的判断。而如果要给出一定的分值，深入分析就更为重要。判断准与不准会得出两种不同的结论，当结论相悖的时候，分值差距就会很明显。同样的一种现象，得出的是两种不同的判断结果，任课教师要么吃亏，要么就会占到便宜。因此，评课尤其是涉及评分的时候，对深入分析的把握不容忽视。

二、按“六性”标准评立定跳远课

掌握了评优课的“六性”标准，我们就可以对任何评优课按照该标准进行评判。通过对比分析评判，可以采取量化的方式对评优课做出评分，再比对评分标准确定评优课的等级。下面以一节立定跳远课为例，按照“六性”标准尝试着做一次量化评分。当然，也可以通过六个特性进行定性点评。

1. 立定跳远案例来源

第六届全国中小学体育教学观摩展示活动评出的一等奖课例中，有一节重庆市人民小学胡佳佳老师的立定跳远课，这节课做了现场展示。之所以以这节课为例，一方面很多人都观摩过，另一方面是相对而言这节课有很多值得借鉴之处。

2. 立定跳远案例呈现

通过认真观看这节立定跳远课，笔者对这节课的部分信息做如下描述。从课一开始到课的结束，笔者对这节课的整个教学过程进行了记录，重点记录了教学语言，也有教师教的行为和学生学的行为的描述，以作为后面对课例进行评析的重要素材。

【课的开始部分】

老师：孩子们，好像有点紧张哦。露出你们的牙齿，笑一笑。能笑得灿烂一点吗？看谁的笑容最灿烂。（孩子们开始按照老师的提示露出牙齿和灿烂的笑容）哦，你的笑容不错，你的笑容也不错（边指着个别学生，边夸奖学生）。孩子们，好像有点紧张啊，还记得老师叫什么吗？

学生：胡老师。（孩子们异口同声回答）

老师：你们能用最欢快的方式跟老师打招呼吗？

老师：同学们好！（同时举起双臂做欢呼状）

学生：老师好！（也和老师一样举起双臂摇摆着欢呼）

老师：孩子们，还是有点紧张哦。

老师：我们玩一个好玩的游戏好不好？

学生：好。（欢呼着几乎蹦了起来）

老师：这是几？（同时伸出右手的一个手指）

学生：1。

老师：几？（同时伸出两个手指）

学生：2。

老师：几？

学生：3。

老师：聪明。

老师：这是几？

学生：1。

老师：这是几？大拇指代表什么？

学生：棒。

老师：老师送给你们。(同时伸出两只手的大拇指)

老师：立正。(开始整队准备上课)

老师：抬头挺胸，胸挺起来。

老师：向右看齐。

学生：1、2。

老师：看看这一队，站齐了，真棒！好的，这一队（一队一队地从排头组织队形)，第三排，第四排。

老师：向前——看。

学生：1、2。

老师：同学们好！(2 分零 7 秒)

学生：老师好！

老师：孩子们，喜欢玩游戏吗？

学生：喜欢。

老师：胡老师也很喜欢。今天我们一起去游乐园玩游戏好不好？

学生：好！

老师：我们玩游戏要注意遵守游戏规则。1. 听清要求做出相应动作。2. 有序练习。3. 爱护器材。明白了吗？

学生：明白了。

老师：下面我们一起出发吧，全体都有，向左向右转。

(学生按照老师的口令转了过去，但不整齐)

老师：好，转回来，向左向右——转。

学生：1、2。

老师：准备，出发！

（在音乐的伴奏下，老师带着学生围绕小泡沫垫子开始跑动起来）

老师：注意，小心追尾啊。注意超速啊。注意过隧道。减速。

老师：孩子们，找个位置马上停好。

（学生中有人滑倒）

老师：注意安全。

（学生中又有人滑倒）

老师：小心。

老师：孩子们，咱们的地滑，如果你不小心踩到垫子了，注意安全。好不好？

学生：好。

老师：（走向一个学生）稍微把垫子调整一下，注意安全距离。

老师：其他孩子们都安全站好了。孩子们，你们按照要求开车，真是一名好司机。

【课的准备部分】

老师：孩子们，今天你们脚下的垫子就是你们临时的家。在游戏的时候，听到“回家”的口令要迅速回。今天我们的游戏是到游乐园玩闯关的游戏。能做到吗？

学生：好。（同时欢呼着跳了起来）

老师：很有自信。（同时竖起了大拇指）

老师：第一关，模仿动物，看谁模仿得最形象、最生动。要求，根据提示，做出相应动作。小鸭子什么动作？

学生：嘎嘎嘎。（同时，举起两臂，摇摆着身体做出小鸭子走路的姿势）

老师：小鸭子，大摇大摆，嘎嘎嘎。（同时做出了小鸭子走路的样子）

学生：嘎嘎嘎。（和老师一起做出了小鸭子大摇大摆走路的样子）

老师：全体都有，玩游戏了，走起来。（走到学生中间，带着学生开始走动着做出小鸭子大摇大摆走路的样子）

（学生跟着老师走了起来）

老师：1、2、3、4，嘎嘎嘎。

老师：（马上转向男生组队伍的最前面，带着他们走了起来）1、2、3、4，嘎嘎嘎。

老师：（对着一个女生竖起大拇指）真像。

老师：来，跟着老师，1、2、3、4，嘎嘎嘎。（走进队伍里，边走边喊着口号）

老师：1、2、3、4，嘎嘎嘎嘎。1、2、3、4，嘎嘎嘎嘎。

老师：回家了。

（学生迅速跑着寻找自己的家，跑动中有学生滑倒了）

老师：小心，注意安全。（跑到滑倒的学生面前以示安慰）

老师：孩子们，老师说要安全回家，记住啦。一个脚向前推垫子的话就不容易摔倒，记住了吗？

学生：记住啦。

老师：真棒。（同时向学生竖起了大拇指）

老师：孩子们，骑马的动作会吗？

学生：会。

老师：动作做起来，驾。（同时做出骑马的动作）

老师：驾驾驾驾，准备，走。（同时走到队伍里，带着学生练习骑马的动作）

（学生跟着老师做起了骑马的动作）

老师：一起动起来，驾。（同时做出了手摇动马鞭的姿势，身体做着骑马的动作）

（学生紧跟着老师做骑马动作）

老师：真聪明，摇起来，驾。（又在队伍里做起了骑马动作）做起来，这边。

老师：回家了，注意安全。

（学生迅速寻找自己的家，有几个学生滑倒了）

老师：哎！（走到一个摔倒的学生面前进行安慰）孩子们，你们一定要注意安全。

老师：(吹哨) 嘟嘟！

学生：1、2。

老师：(再吹哨) 嘟嘟！

学生：1、2。

老师：现在下垫子，下垫子。

(学生从垫子上跳下来)

【课的基本部分】

老师：来，我们做这个动作，1、2上垫子，记住哦。孩子们，我们有了新朋友，长着短尾巴、红红的眼睛、长长的耳朵，猜猜是谁？

学生：小白兔。

老师：真聪明。(同时向回答问题的那名学生竖起了大拇指)

老师：你们可以跳一跳吗？

(老师话音刚落，学生们就开始跳了起来)

老师：还记得吗？我们一起跳起来，小白兔、白又白，两只耳朵竖起来，爱吃萝卜爱吃菜，蹦蹦跳跳真可爱，蹦蹦跳跳真——可——爱！(同时走向队伍，做竖起大拇指的动作)

学生：(伴随着老师一起也唱起了儿歌) 蹦蹦跳跳真可爱，蹦蹦跳跳真可爱！

老师：太可爱了。

老师：小朋友们，我们一会儿跟小白兔一起，要求双脚同时起，向着老师，跳起来。小白兔、白又白，爱吃萝卜爱吃菜，蹦蹦跳跳真可爱，蹦蹦跳跳真可爱！(同时做出了动作)

学生：(跟着老师做动作并唱起儿歌) 爱吃萝卜爱吃菜，蹦蹦跳跳真可爱，蹦蹦跳跳真可爱。

老师：有没有吃着？

学生：有。

老师：吃着，胜利！

学生：耶！

老师：真棒！太厉害了。再来一次好不好？好不好？

学生：好！

老师：谢谢！

老师：再来一次。小白兔、白又白，两只耳朵竖起来，爱吃萝卜爱吃菜，蹦蹦跳跳真可爱，蹦蹦跳跳真可爱！

学生：（一起和老师做起了小白兔跳的动作，并一起唱起儿歌）小白兔、白又白，两只耳朵竖起来，爱吃萝卜爱吃菜，蹦蹦跳跳真可爱，蹦蹦跳跳真可爱！

老师：有没有捡到？

学生：有。

老师：捡到，胜利！

老师：孩子们，恭喜你们，顺利闯过第一关。（同时做出右臂上举动作）

学生：耶！（同时欢呼着跳了起来）

老师：别高兴得太早了，我们还有两关呢。

老师：第二关，我们一起来学，小白兔双脚跳，1、2、3、4、5。（同时，两脚一起向上跳起）

（学生跟着老师一起向上跳了5次）

老师：看着老师的手势，跳几次（伸出手指），几次？

学生：3次。（同时连续跳了3次）

老师：1、2、3。

（老师吹哨，并伸出了5个手指）

（学生看着老师伸出的手指连续跳了5次）

老师：真棒！你们做到了双脚同时起、同时落吗？

老师：孩子们，听哨音，嘟！

学生：（边数着数，边跳了起来）1、2、3、4、5。

（老师再次吹起哨声）

学生：（听到哨声后，边数着数边跳）1、2、3、4、5。

老师：孩子们，你们能像小白兔一样高高地跳起来吗？（说完，向上跳了起来）

（学生伴随着老师的动作也跳了起来）

（老师吹一声哨，同时向上跳起）

（学生和老师一起跳了起来）

（老师吹哨）

（学生听到哨声后，向上跳了起来）

老师：10次，看谁跳得最高，来，一起。

学生：1、2、3、4、5、6、7、8、9、10。（边数数，边向上跳了10次）

老师：（走进队伍里，连续说）真棒！真棒！

老师：（走到一个学生面前，蹲下去问学生一个问题）你能告诉老师，你是怎么做到的吗？

（学生小声回答老师的问题，说双脚要并拢）

老师：双脚要并拢（大声说），双脚要并拢。听见了吗？（同时问其他学生）

学生：没有。

老师：听见了就大声一起说，双脚要并拢。

学生：耶！

老师：（吹哨）嘟！继续，再继续。

（学生听到老师的哨声后，双脚并拢连续向上跳起）

老师：真棒！（说着走向一个学生，并调整了一下他脚下的垫子）小心，一定要注意。

老师：孩子们，咱们再一起跳起来，跳5次。嘟！（吹了一声哨声）

（学生和老师一起向上用力跳了5次）

老师：真棒！

学生：耶！（同时欢呼着跳了起来）

老师：孩子们，咱们接下来加上手臂，看能不能跳得更高。

老师：（做起了示范动作）1、2、3（向上跳起一次，加上了摆臂动作）。

（学生模仿着老师的动作向上跳了一下）

老师：再看一次。（接着又做了一次加上摆臂的向上跳的示范）

老师：（带着学生一起摆臂向上跳）1、2、3。

（学生跟着老师一起做向上跳的动作）

老师：看到了吗？

学生：看到了。

老师：看得真仔细。来，我们一起来，试一试，注意要双脚落地哦。

老师：准备，1、2、3。（同时做起了向上跳的动作，并加上了摆臂动作）

（学生跟着老师一起向上跳了一次）

老师：你的双手用力摆了吗？再来试一试。1、2、3。（同时又向上跳了一次）

（学生跟着老师一起向上跳了一次）

老师：太棒了，接下来我们比一比，看谁最棒。有信心吗？

学生：有。

老师：男孩子有信心吗？

学生：有。

老师：来，一起准备，嘟！

（学生听到老师的哨声以后，向上跳了一次）

老师：嘟！（又吹了一次）

（学生听到哨声后又跳了一次）

老师：来准备，嘟！

（学生听到哨声后再次向上跳了一次）

老师：嘟！再来一次。

（学生又一次向上跳）

老师：真棒！下面老师和大家一起跳，看谁跳得最高，数出来。1——

学生：1。

老师：2。

学生：2。

老师：3。

学生：3。

老师：哈，比老师跳得还高，真棒！

老师：孩子们，你们能够挑战自己吗？

学生：可以。

老师：先看老师试一试。（向上跳了起来）

（学生跟着老师一起跳了起来）

老师：跳得怎么样？屈膝缓冲，再来一次。（同时，转过身来，做侧面示范）1、2、3。（连续向上跳）

（学生跟着老师做了向上跳的动作）

老师：屈膝缓冲。（同时做出了屈膝缓冲动作）

老师：一起说一遍。（同时引导学生和他一起说）屈——膝——缓——冲。

学生：（跟着老师一起）屈——膝——缓——冲。

老师：来，和老师一起试一试。1、2、3。

（学生和老师一起跳了起来）

老师：别动，听老师讲。（走进学生中间，指导着个别学生的动作）

（学生都半屈膝姿势，等待老师的指导）

老师：来，屁股下去一点，有进步，再来一次。

（学生继续保持着刚才的姿势，接受老师的巡回指导）

老师：再来一次，准备，这次和老师一起做。

学生：好！

老师：准备，1、2、3。我做到了，你们做到了吗？

学生：做到了。（做了动作以后，都呈现蹲位等待老师的指导）

（老师走到一个学生面前，让这个学生做一个动作给大家看，等于让单个学生进行展示）

（学生按照老师的要求做了一个向上跳的动作）

老师：对了，真棒！（同时，向这个学生竖起了大拇指）对不对，注意力要集中。

老师：好，起立。孩子们，咱们与临近的同学比一比，看谁的双脚跳得高。好，开始。

（学生开始了练习）

老师：（走到学生中间，进行巡回指导）来，临近的，你们三个之间。

老师：来，你们临近的，左右前后相邻的同学一起练习，一起来比，明白了吗？好，开始练习。

（学生开始练习了）

老师：对。来，你们一起。（走近学生，拉着他们与相邻的同学练习起来）

（相邻的学生开始自主练习起来了）

老师：（走到学生中间并指导他们练习）来，1、2、3。（给这几个学生喊着口令让他们进行练习）

（学生在老师的带领下，跳了起来）

老师：来，再来一次，1、2、3。（同时和学生一起做了向上跳的动作）

（学生按照老师的要求，做了向上跳的练习）

老师：很好，继续练习。加油。

（大部分学生在按老师的要求做练习，个别学生蹲在地上没有练习，有个别偷懒现象）

老师：你和谁一起呢？

学生：和他。

老师：对。嘟！（吹起了哨声）

老师：太棒了，按照你们的约定。（同时竖起了两个大拇指）

老师：孩子们都能正确做出评价，真棒！奖励给大家一个小游戏，我们都

是木头人。准备，试一遍，开始。我们都是木头人。(边说，边做起了动作)

(学生跟着老师一起做起了我们都是木头人的动作)

老师：(边蹦边说) 我——们——都——是——木——头——人，不——能——说——话——不——能——动。(几乎是一个字跳一次)

(学生和老师一起做起了同样的动作)

老师：(半蹲位，停下静止在那里) 动了吗?

(学生一动不动地停在那里)

老师：真棒！孩子们，木头人很喜欢结交朋友，我们一起跳起来，到木头人家里去串串门。准备，开始。我——们——都——是——木——头——人。

(学生按照老师的要求做起了动作)

老师：到木头人家里去。(边说还边在蹦着)

(这时有学生摔倒了)

老师：哦，注意安全。刚才我们稳稳地跳上去。不——能——说——话——不——能——动。(静止在那里了)

(学生伴随着老师的口令，也和老师一样静止在原地了)

老师：(发现有学生静止的时候做起了像骑马舞似的动作) 嗨，你这像骑马舞啊，还是猴哥?

老师：木头人也喜欢蹦得高高的，你们可以吗?

学生：可以。

老师：准备。开始，我——们——都——是——木——头——人，不——能——说——话——不——能——动。(同时，跳完以后静止在那里了)

(学生跟着老师的节拍一起跳起来了)

老师：嗯?有同学进行了创新啊，好，结束，安全回家，注意安全。

(学生听到老师的口令后，在寻找自己的家)

老师：对，速度慢一点，慢一点，没有关系，垫子可以移一移。很不错，表扬你。注意调整垫子的安全距离，好吗?

（学生按照老师的要求在调整垫子）

老师：（走向一个正在调整垫子的学生）能调整吗？

（学生在调整）

老师：聪明。对了，真棒！孩子们。

（有个学生在踢垫子）

老师：（走过去）垫子不能踢哦，护着垫子就是爱护器材。（有育人的环节在里面）

（有一个学生把垫子往老师身后移了一下）

老师：（向后退的时候，差一点踩到学生，向后一转发现后面有一个学生）哦，吓我一跳。

老师：我们一起向前跳一跳，准备，前——回，后——回，左——回，右——回，（做着左右的镜面示范，前后做的是一致的动作）开——回，注意，转——回，停。

（学生模仿老师的动作，做着同步的练习）

老师：我们连起来做一遍，准备，开始。前前——后后——后后——前前——左左——右右——右右——左左——开开——合合——转转——回回。

（学生跟着老师的口令和动作，都一起跳了起来）

老师：我觉着你的声音配合老师，非常棒，鼓励一下。（走近一个学生，蹲下去给了一个小奖励）

老师：老师最欣赏能够和老师配合的孩子。太棒了！（同时用左手向这个学生竖起了大拇指）

老师：同学们，你们可以跟着老师拍掌的节奏一起练习吗？试一试，开始。（拍掌，并喊出口令，让学生配合一起练习）前前——（拍掌）

学生：（按照老师的拍掌和口令进行了跳跃练习，并喊出口令）前前——后后——后后——前前——左左——右右——右右——左左——开开——合合——转转——回回。

老师：（配合学生的练习。边拍掌边引导学生练习，老师喊“左左”，学

生喊“右右”，并跳着喊着）有进步。（及时表扬了学生）

老师：刚才练习的时候，你们的双脚跳起来了吗？好，准备，再来一次。（边说着，边向上跳起）（拍掌喊口令，让学生跳）前前——后后——后后——前前——左左——右右——右右——左左——开开——合合——转转——回回。

学生：（按照老师的节拍跳了起来，并和老师一起喊着口令）前前——后后——后后——前前——左左——右右——右右——左左——开开——合合——转转——回回。（其中里面有应和老师口令的）

老师：太棒了！（同时伸出两个大拇指）我们跟着音乐的节奏也能跳起来吗？

学生：能。

老师：有没有自信，我们试一试，music。（喊完以后，音乐响起）准备。

（学生在老师的指导下，做起了和老师同步的练习）

师生：（在音乐的伴奏下一起练习，边断断续续地喊着口令）前前——后后——后后——前前——左左——右右——右右——左左——开开——合合——转转——回回。

老师：真棒！（走向一个学生，是在练习中发现这个学生的垫子移动了）你的家不能移动。

老师：孩子们，跳得真棒！再奖励大家一个小游戏，想不想玩？

学生：想。

老师：听号抱团。仔细听啊，是相同颜色垫子的同学站在一起。

（学生听到口令后，分别找到是相同颜色垫子的同学。学生都陆续站在了一起）

老师：这一组成功了，这一组也成功了。（边走近学生，边观察已经站在一起的小组）找到了吗？你的小伙伴。

（学生都迅速找到了自己的同伴）

老师：成功了，非常棒！站好了吗？

学生：站好了。

老师：接下来，各组的小伙伴找一个数字，迅速站好。5、4、3、2、1。

（有一个学生从一组跑到了另一组）

老师：这个小伙伴要去哪儿呢？真棒！孩子们都找到了相对应的数字。好，下面我们比一比，看哪一组先把垫子摆成一个大大的加号。好，开始。

（学生按照老师的指令做出相应的摆加号的动作）

老师：（巡回指导）把数字放在前面，数字在前面。对，中间两块，非常棒！

（有一组已经摆好了）

老师：（马上走向前去，表扬他们）这组好了，第一名。真棒！

（还有一组摆好了，学生向老师举手示意）

老师：哦，这组也好了，真棒！

（又有一组学生示意放好了）

老师：3、3，4、4，你还没有站好吗？（看到有一组学生还在那里摆垫子，没有把垫子放好）这组需要帮忙吗？（说着就走向前去看一看）

（学生还在认真地摆着）

老师：哦，你们弄得真仔细。好了，站后面吧，你们的任务完成了。

（学生都分别站好了）

老师：孩子们，接下来。嘟嘟！（吹了两声口哨）

（有学生表现不错）

老师：（竖起大拇指）欣赏你，还记得我们的约定。现在还有哪个孩子没有记住我们的约定是什么，老师再检查一遍，看哪个孩子站得像老师一样。

（学生按照老师的口令站得笔直笔直的）

老师：做到了吗？表扬这一组，第五小组，非常棒！孩子们，接下来，我们不比速度，就比质量。看哪一组配合得好，我们就鼓励，看哪一组做得最棒。老师看一看。

老师：现在各小组跟着音乐跳起来吧。（音乐自动响起）

（有一个学生一听到音乐就开始跳动起来了，但他突然摔倒了）

老师：哦，注意安全。对。（在那里看着这个学生跳，过了一会儿又转身走向临近学生那一组）

（各组学生在音乐的伴奏下都跳了起来，在跳的过程中由于垫子滑动错位，有学生还不停地上前将垫子再次摆正）

老师：（巡回指导）哦，跳起来。（走到正在摆正垫子的一组，老师俯下身子说）好的，快点把它调整好。跳慢一点，跳起来。

（几乎每一组都有学生去将滑动开的垫子扶正，同时，每一组学生都依次在本组内练习着）

老师：这个同学，把垫子调整好了，太棒了！（及时表扬了调整垫子的学生，以示鼓励，让更多的人能够向她学习）

老师：继续练习，好的，左左——右右——开开——合合，对。

（学生练习着，并转身回到队伍中间了）

老师：（走到最后要指导的一组，刚好看见一个学生在摆正垫子）真棒！（同时向这个学生竖起了大拇指，以示表扬）

（学生继续练习着）

老师：好，停。OK，继续完成，对。

（学生一看垫子滑动开了，不练了，就返回队伍中间了）

老师：没关系，还可以继续调整好。

老师：孩子们，刚才，我们在音乐的节奏中，有些孩子不习惯，现在跟着老师拍的节拍再跳一次，第一个同学准备。根据老师拍掌的节拍。

（有一组的第一个同学已经跳起来了）

老师：（走向前去）你不知道我在跟你讲话啊？

（那个学生马上站好了）

老师：好的，真棒！

老师：前前——后后——后后——前前——左左——右右——右右——左左。

（学生跟着老师的节拍一起跳了起来，并和老师一起喊着口令）

老师：跳起来，跳起来。真棒，下一个准备。

（学生一个接一个地进行在十字垫子上的跳跃练习）

老师：听老师指挥，有些孩子跳得非常棒。好，准备。下一个同学，预备，开始。（边击掌，边喊口令）前前——后后——后后——前前——左左——右右——右右——左左。

（学生按照老师喊的节拍继续跳着）

老师：真棒！能帮忙一下吗？（看到有一组的垫子滑动开了）

（学生向前将垫子调整好）

老师：太棒了！好，三名同学，准备。（走近一个正在调整垫子的学生）表扬你。准备开始。

（学生按照老师的口令跳着所学的几个跳跃动作）

老师：前前——后后——后后——前前——左左——右右——右右——左左——开开——合合——转转——回回。（喊到“左左”“右右”的时候）能和我一起喊吗？

学生：（边跳边和老师一起喊口令了）左左——右右——右右——左左——开开——合合——转转——回回。

老师：第四个同学准备。

（有一组的一个学生到前面把滑动的垫子调整好）

老师：（走向前表扬）对，真棒！预备，开始。

（听到老师的口令后，第四个同学开始跳了起来，并和老师配合喊出节拍口令）

师生：前前——后后——后后——前前——左左——右右——右右——左左——开开——合合——转转——回回。（老师说：和老师一起喊。老师喊“前前”的时候，学生开始喊“后后”，老师喊“左左”的时候，学生开始喊“右右”，以此类推）

老师：真棒！最后一名同学。（走向调整垫子的小组，边表扬边说）你们这一组不牢固了。再来一次。第五名同学，准备。

师生：前前——后后——后后——前前——左左——右右——右右——左左——开开——合合——转转——回回。

老师：（走向其中一组，并与一名学生击掌）你们这一组太棒了！

（这名学生和老师击掌呼应）

老师：和老师击击掌，鼓励一下。

（几个学生都上前和老师击掌）

老师：最棒了，最欣赏你们这一组。

（有一组几个学生都一起趴下去调整垫子）

老师：（走向前）行了行了，可以了可以了。你们已经表现得非常棒了。

（学生回到队伍里）

老师：好了。接下来看哪一组已经准备好了下一个环节。

（有一组的两个学生好像要打起来了，相互推来推去）

老师：哎，这一组的学生需要冷静一下吗？这一组的学生需要冷静一下吗？（边说边走近学生，学生不愿意上前。其中有一个小男孩可能是愿意上前的，老师就和他交流一下，并要求他表现要最棒）

老师：我们还有一关，第三关。但是，今天玩和平时不一样啊，要听要求。1. 根据要求进行练习。2. 遵守游戏规则。3. 重新调整垫子。开始。

（学生又一次配合摆垫子）

老师：（巡回指导）从数字那边开始摆过来。注意距离。哎，这组好了。摆好就站好，聪明。

（摆好垫子的学生都分别跑到垫子的后面，准备练习，有个别学生还在调整未摆好的垫子）

老师：这是哪一组摆的，非常棒！（亲自去帮助学生摆好垫子）斜一点，斜一点。（边说边拉着垫子）

老师：站得最好的第一名。（边说边指向右手边的这一组）非常棒！这边也站好了。

老师：（边说边走到一组垫子上，做起了示范）仔细看啊，我们的比赛是双脚依次跳过房子，记住哦，看清楚动作要求哦。然后从右手边跑回来，击掌，下一位开始。明白了吗？

学生：明白了。

老师：下面咱们先练习一遍，看哪一组能够按要求完成。开始。

（排头的学生开始按照老师示范的动作要求跳了起来，但是有的是跑过去的，有的是双脚着地跳过去的）

老师：记住哦，我们的要求是什么呢？就是这样。

（学生练习着，老师观察到他们有的不是从右手边返回的）

老师：记住啊，从右手边返回。对，双脚同时着地，非常棒！

（学生在依次练习）

老师：对了，双脚同时起同时落。对，记住哦，真棒！

（学生在练习的时候没有击掌）

老师：（发现了这个学生没击掌）哎，老师说击掌后下一个同学再开始哦。怎么样哦？是不是蹦得太兴奋了。

老师：嘟嘟！（吹响了哨声）

（学生听到哨声后跑回到队伍里面）

老师：1 个、2 个、3 个。嘟嘟！

学生：1、2。

老师：这一组准备好了，这一组也准备好了，这一组也准备好了。（边说，边指着准备好的组）

老师：老师说练习几遍？

学生：一遍。

老师：聪明，你们按要求练习了吗？记住哦，一定要按要求进行练习。接下来我们要进行正式比赛了。练习的时候，我们要加油，可以鼓舞士气。加什么？

学生：加油。

老师：看哪一组最有士气。你们比赛的时候能把加油声送给小伙伴吗？

学生：能。

老师：现在我们要进行比赛了，你们准备好了吗？

学生：准备好了。

老师：信心好像不是很足啊，你们准备好了吗？（提高嗓门，再次问学生是否准备好了）

学生：（齐声并大声回答）准备好了。

老师：预备，开始，嘟！（同时吹响了哨声）

学生：（依次练习，并喊出加油声）加油、加油、加油。

老师：（巡回指导）哦，太棒了！

老师：嘟嘟！表扬。（吹响了哨声，并竖起大拇指表扬左手边的那一组学生）

老师：这一次老师发现，有些孩子的速度很快，但是有的孩子没有按照要求完成。所以，老师认为，这一次名副其实的冠军是这一组。太棒了！

学生：（只有这一组的学生欢呼着跳了起来）耶！

老师：孩子们，下面依次走向垫子，依次走向垫子，注意安全。

（学生按照老师的要求分别走向垫子）

老师：这是几点钟？

学生：五点钟。

老师：哦，五点钟了。准备。双脚同时起同时落，准备，开始。

学生：老狼老狼几点钟？老狼老狼几点钟？

（老师没有回答，继续往一边蹦蹦跳跳）

学生：老狼老狼几点钟？老狼老狼几点钟？

老师：2 点钟。

（有学生准备跑回家呢）

老师：继续。

学生：老狼老狼几点钟？

老师：12 点钟。

学生：老狼老狼几点钟？

老师：啊！（就开始追赶学生）还有一个。（一直追着一个小女孩，结果小女孩跑到自己的家，站到垫子上滑倒了）

（很多学生都找到了自己的家，还有一个小女孩继续跑着，跑着跑着滑倒了）

老师：注意安全。

老师：你们真棒，都能按时回家。我们除了按时回家还要做到安全回家哦。明白了没有？

学生：明白了。

老师：耶，你们真棒，你也明白了。（走过去和两个小孩子击掌表示表扬）。

学生：耶。（两个学生同时和老师击掌）

【课的结束部分】

老师：同学们，坐下来。

（学生在老师的指令下，都坐在了地板上）

老师：来抖抖腿。

（学生开始抖腿）

老师：抓脚尖。（说着站了起来，走向学生）抓脚尖 10 次，数出来。

学生：（抓住自己的脚尖，并数数）1、2、3、4、5、6、7、8、9、10。

老师：腿伸直，大声一点。（同时走向学生，指导着学生做动作）

学生：（按照老师的提示边做边数数）1、2、3、4、5、6、7、8、9、10。

老师：再倒着数 10 个数做抓住脚尖动作可以吗？

学生：可以。（边回答边开始倒着数数）10、9、8、7、6、5、4、3、2、1。

老师：（走向学生巡回指导）好，孩子们真厉害！

老师：孩子们，累不累？

学生：（大部分学生回答）累，（个别学生回答）不累。

老师：不累，你的体力真棒！

老师：咱们再跟着音乐节奏放松放松。好，准备。（向后回头看了看，好像是要音乐的动作）放松哦，听音乐。（等了一会儿依然没有等到音乐）

老师：好的，开始，跟着老师的节拍进行放松。（这时音乐响起了）

（学生听到了音乐，然后按照老师的提示做着放松活动）

老师：快的、慢的、重的、轻的。（边拍打着自己的身体，边说出力度）

（学生跟着老师的口令和节奏拍打着自己的身体进行放松）

老师：大腿，（边说边走向一个男生，去给他拍打几下）对，看你真可爱！好。停，大家起立。

（学生听到老师的口令后全体起立了）

老师：右手拿垫子，像老师一样哦，老师来检查。

（学生站起，并用右手拿着垫子）

老师：孩子们，今天你们玩得开心吗？

学生：开心。

老师：老师玩得也很开心，今天我们玩的是什么呀？

学生：跳。

老师：跳，单脚跳还是双脚跳？

学生：双脚跳。

老师：真棒。（同时向学生竖起了大拇指）

老师：孩子们，今天你们不但做了游戏，而且还通过游戏学到了本领。今天你们很成功。（同时举起双臂）

学生：耶！（也和老师一样举起双臂欢呼着）

老师：孩子们，小兔子们要回家了。以这个同学为排头，一路纵队，准备，走。（带着学生拿着垫子左右转动着跑了起来）

（学生跟着老师一起做着转动垫子的动作）

老师：（等学生都跑起来以后，老师又将垫子举起，打着招呼）同学们再见。

学生：（模仿着老师的动作，也举起手臂摇晃着手中的垫子离开了场地）老师再见。

（课全部结束了）

3. 立定跳远案例评析

评优课立定跳远获得了一等奖的好成绩，得到了评委们的充分肯定。下面用“六性”标准对该课进行评课分析。评分结果如表 3-1-1 所示。

表 3-1-1 评优课立定跳远评分结果

主要指标	具体表现	得分
真实性	真实，几乎看不到表演或作秀痕迹	9 分
完整性	未听到有安排见习生、检查服装环节	8 分
准确性	模仿各种小动物练习，组织游戏练习双脚起跳双脚落的动作，准确有效	19 分
创新性	从准备活动开始就比较新颖，基本部分用情景教学通过游戏与通关的方式组织课堂，充分调动学生的参与热情	14 分
实效性	学生在这节课上体现出了学得准、学得会（会说、会做，教学生会做人）、学得乐、学得热（大量的时间用于学生练习）	34 分
安全性	未出现伤害事故，但防范措施不太到位，根据隐患调整练习方式不够及时	7 分
合计		91 分

从表 3-1-1 显示的评优结果来看，该课在六个特性方面的具体呈现和所得相应分值中，扣分最明显的是安全性，其次是完整性，尽管该课已经达到了优秀的等级，但是依然留有遗憾。同时，通过“六性”标准对这节立定跳远课进行评判，可以找到该课有待进一步提高的环节。显然，这节课最需要完善的，是如何使安全防范措施更具体和及时些，课堂常规更到位些。从整个“六性”标准比对的结果显示，这节课是具有一定观摩学习价值的评优展示课，不但教得准，有较好的创新，而且实效性较高，真实性强。下面对如何从“六性”标准评评优课，做一个简单的归纳。

评课案例评析：评优课

评优课的方法多， 评出水平重点说；
了解标准是前提， 定性定量无距离；
“六性” 标准反复讲， 重要程度不会忘；
立定跳远课例好， 观摩学习最重要；
看课记录环节全， 分析评判是关键；
比对标准按项走， 九十一分已达优；
扣分集中在安全， 提升空间有呈现。

第二章　常态课：按十项要求评出规范性

通过对大量课例的观察，笔者发现，体育常态课和评优课相比，无论是任课教师的准备程度，还是教师对课堂的重视程度和课堂效果，都有着明显的不同，我们就很难用评优课的“六性”标准去评常态课。那么，如何去评判常态课的质量呢？本章主要介绍常态课的十项要求。如果用这十项要求去评判一节常态课的质量，既可以看其规范程度，也可以了解其教学效果。下面以个案的方式对照常态课的十项要求，重点分析评常态课的基本方法。

一、了解常态课十项要求

什么是好的常态课？常态课应该上成什么样？不同的人可能有不同的回答。在一些校长眼里，凡是课上不出现任何伤害事故就算好课。看似简单的评价标准，实际上这一标准是很难实现的，所有任课教师都难以确保体育课上不出现任何伤害事故。很多情况下伤害事故的发生是可以预防的，但体育作为一门特殊的学科，其教学活动方式与其他学科的有着天壤之别，尤其是遇到直接对抗性运动项目学习的时候，伤害事故规避难度会更大。因此，如果按照一些校长评价好的常态课的标准，那就不够客观和不太现实。

然而，什么样的常态课是好的？有哪些具体要求？首先，我们需要明确，上好常态课的底线是“不放羊”，尽量避免“一个哨子两个球，学生老师都自由”的体育课。其次，除了“不放羊”，还要了解上好常态课需要满足的一些具体要求。

1. 为何提出十项要求

长期以来，广大一线教师都在各自的工作岗位上探索着如何上好常态课，但国家层面至今没有出台常态课的标准，结果就出现了对什么是好的常态课的不同认识，无论从形式上还是从内容上，或是从评价尺度上都不尽相同。全国举办体育教学观摩展示活动的时候，各省、市、区之间的质量差异，就可以在一定程度上反映出常态课的上法和具体要求的不同。实际上，无论是哪里的常态课，也无论是什么运动项目的常态课，好的常态课都一定符合一些基本的要求。笔者通过对常态课的长期观察，以及与专家学者和广大一线教师的交流，提出常态课应把握的十项基本要求，以便于广大教师更好地规范课堂，提高常态课教学的质量。

2. 常态课十项基本要求是什么

好的常态课要满足一些基本要求，或许有些教师现在的课就已经达到了这些基本要求，但并非所有的教师都已经达到。为了规范体育课堂，提高常态课体育教学质量，按照基本要求从事体育教学工作尤为重要。下面具体阐述一下各项要求的具体含义及基本操作要求。十项要求如表 3-2-1 所示。

表 3-2-1　常态课的十项要求

序号	要求	基本含义
1	上课有教案	上课前要认真撰写体育课教案
2	常规要全面	体育课课堂常规要求全面具体
3	课堂重观察	体育课上要强化对学生的观察
4	讲做明方法	讲解示范要有明确的学法指导
5	组织口令清	组织教学活动的口令要求清晰
6	手段选择灵	教学手段方法的选择准确有效
7	学用结合早	及早体现学用结合的练习方式
8	密度适中好	体育课的练习密度要把握适中
9	德育应体现	体育课堂德育渗透要有所体现
10	隐患须防范	安全隐患要能够做到有效防范

从表 3-2-1 呈现的十项要求可以看出，要想上好一堂常态课并非易事，因为这些要求中，不仅体现了教师要有扎实的基本功，还体现了教师要能够转变观念，从重教向重学转变，更要贯彻立德树人的教育方针，除了把自己

看作一名体育教师之外，还要把自己当作一名教育者，把育人放在首位。下面逐一阐述这十项要求。

（1）上课有教案

凡是上体育课都应该有一份完整的教案。只是有的教师写得好，有的教师写得差；有的教师写得早，有的教师写得晚；有的教师写得规范，有的教师写得不太规范；等等。在撰写教案的时候，教师需要把握好几个关键点，评课者及时了解这几个关键点，有利于准确评常态课的优劣。

首先，教案的格式要排除无意义的创新，确保教案各要素名称准确表达。例如，教案分段问题，新课改前的三段式（准备部分、基本部分、结束部分）或四段式（开始部分、准备部分、基本部分、结束部分）都没有任何问题，因为是按照人体机能变化规律确定的。新课改后，那些将体育课教案划分为五段、六段甚至更多段是不可取的。又如，关于教案的核心要素的取舍，过去经常采用课的内容、教学步骤、组织教法与要求、课的时间与次数等，这些基本上能够反映出课上要呈现的内容、方法等相关信息。新课改后，有的教案将教学步骤和组织教法与要求进行了整合，把教学步骤调整为包含两块内容，即教师活动和学生活动，把组织教法与要求调整为组织与要求（该部分除了图示就是要求），这样表达也是能够行得通的。有的教师习惯于将教师的教和学生的学分开表述，这样写自然比较清晰。但有些教师的教案中却将达成目标要素和组织教法与要求并列，这显然是不可取的，因为在每一部分并非能有明显的达成目标的具体体现。

其次，教学目标制定得是否具体可操作十分关键。新课改前，很少有人表述为教学目标，更多的是表述为教学任务，一般没有具体维度名称，而是用三大任务的方式呈现。这里面隐含着三个方面的含义，一是知识技能学习，二是身体素质锻炼，三是情感品德教育。新课改后，一改过去的传统方式，大部分教学目标的表述变成了五维、四维、三维等目标维度划分格式。如新课改初期，很多目标维度都是按照当时提出的五大领域来确立的，即运动参与目标、运动技能目标、身体健康目标、心理健康目标、社会适应目标。《义务教育体育与健康课程标准（2011 年版）》发布后，将五大领域调整为四个学习方面，结果有些教师又把目标调整为四个维度。这样大而全的目标维度设置方式是不可取的。除此之外，还有人运用“知识与技能、过程与方法、情感态度与价值观”三个方面作为教学目标维度设置目标内容。这种三维方式也是很难将教学目标表达清楚的。试想“过程与方法”该如何设置目标内容？它又包括什么含义？实际上，假如要准确确定教学目标维度的话，我们可以尝试使用“知识技能学习目标、体能素质锻炼目标、情感品格培养目标”三个维度。这样的维度名称和所包含的内容比较清晰且全面。维度确定以后，就要确保能够有具体可操作性的目标内容表述。过去的教学目标表述多数只是用定性的表达方式，且难以操作，更难以评价，如用“初步掌握……”“进一步提高……”等表述方式就比较空泛，更难以评价目标的达成度。要设置具体可操作性的目标，可以牢记三个关键词，一个是课题，一个是条件，一个是标准。课题是这节课上主要学习什么内容，即主教材内容；条件是在什么情况下完成；标准是要达到什么程度。有了这三个要素，教学目标尤其是运动技能目标就能够基本上达到具体可操作了。如“在 1.2 米深的水中能够数清同伴伸出的手指”，显然，课题是游泳，条件是 1.2 米深的水中，标准是数清同伴伸出的手指。

(2) 常规要全面

体育课上的常规区别于其他学科课堂的常规，不仅复杂而且特别重要。多是从开始到结束都有常规，假如不能很好地履行课堂常规，课就会显得不够规范。例如，在开始部分我们就应该看到教师是如何召集学生的，有的有集合整队报告人数，有的有集合没有整队而是散点站位，但都同样进行着安排课的任务、宣布课的内容等环节。又如，队列练习，一定程度上也可作为课堂常规来进行，因为很多时候可以发挥其集中学生注意力的作用，是提高学生的纪律观念等的良好方式。在课堂教学中，无论教师是在讲解还是在示范，都要求学生认真听讲和观察，如果没有提出这些具体且必要的要求，就等于忽略了该项常规内容。再如，在课的结束部分教师要进行小结，或与学生一起进行小结，这项内容最好在每节课都能够得到很好的体现。最后的收还器材也不容忽视。当然，课中还有很多地方要体现常规内容。评课的时候，就常规而言，要能够全面把握其在课堂上的呈现。教师根据常规的到位程度，判断课的规范性。

（3）课堂重观察

通过观察体育课堂，笔者发现有些任课教师在课堂上“睁着眼睛约等于闭着眼睛”。为什么有如此的判断呢？因为，有些课上，教师只顾单纯走自己的教学流程，不重点关注学生在课堂上的学习情况，诸如学生是如何听讲的、如何观察的、如何练习的。有些任课教师不认真观察，甚至不进行观察。这样的体育课教学，其结果只能是完成了一节课的工作，而不是完成了一节课的真正意义上的教育教学工作。要关注学生在课堂上的学习，注重学生学习效率的提高。如果每节课都能如此，不仅能够提高学生掌握运动技能的速度，而且还能够真正地体现体育学科课程给学生带来的特殊的健康身心、掌握技能、培养健全人格的价值。

那么，什么样的课堂观察是必需的？如何正确把握课堂观察的方法和技巧呢？教师在教学过程中，要能够及时了解学生的学习情况。哪些学生在学？在怎么学？那些在学习中有偷懒行为的学生在做什么？是什么原因让他们产生了偷懒的错误行为？发现学生学习的问题，并分析原因做出明确判断以后，及时纠正学生不良的学习习惯，指导其掌握正确的学习方法，从而提高其学习效率。观察课堂的时候，从学生学的角度进行观察，我们希望任课教师能够看学生的表情、听学生发出的各种声音，看学生与学生之间的合作与探究，看学生对教师各种教学行为做出的反应，等等。教师及时引导学生从不学到学，从不会学到会学，方能提高教学的有效性。如果我们看到一节常态课中，教师对学生不做任何观察，或观察不及时、不深入、不全面，在判断课堂优劣的时候，自然就会认为其做得不好。

（4）讲做明方法

教师在体育课堂上的讲解与示范一定要富有意义，如果讲解与示范发挥不了应有的作用，就等于白讲和白做，一定程度上还等于浪费了宝贵的教学时间。过去的课堂在讲与做方面都存在哪些不良现象呢？有的是出现错误，如有教师在给学生做站立式起跑示范的时候出现错误的示范动作，学生都无一例外地全部学错。这样的错误示范在体育课堂上是要坚决杜绝的。有教师做示范的时候，仅仅说“同学们，下面老师给你们做个示范”，然后就开始示范了，由于学生不知道观察什么、怎么观察，教师快速完成示范以后，学生什么都没有看明白，组织学生练习的时候，大部分学生都出现了最简单的错误。这些错误动作往往在学生认真观察教师的示范动作后是可以避免的。但由于部分教师在讲解和示范的时候未能明确提出观察的方法，很多学生不会观察，这就等于示范的效果未能得到充分体现。

实际上，教师讲解和示范时是否明确进行了学法指导，不仅是能教和会教两种教学能力类型的最关键区分，也是能否达到理想教学效果的关键所在。评的时候，假如我们从某位教师的常态课上仅听到了前面所说的“下面老师给你们做个示范”，而没有提出具体明确的观察示范的要求，就可以判断教师在讲和做部分未明确学习的方法，相对应的，教法也不是十分清晰到位。

（5）组织口令清

体育教师组织课堂教学工作，很多时候会用到口令，从集合整队，到组织调队，再到喊着节拍练习等，口令发挥了其他方式、手段无可替代的作用。但并非所有的口令都恰到好处，有的教师在教学中发出错误的口令，还有的教师口令尽管无误，但口令使用不当，还有的属于口令不及时或不完整，等等。口令是一个教师教学基本功的具体体现，对于一个新任教师而言更是如此。假如一个刚毕业的学生到某学校应聘，通过聆听该生发出的口令，马上就能判断出来该生的基本功是否扎实。因此，在一定程度上，口令决定着成败，决定着效果的好坏。例如，某小学一位刚毕业不到两年的新任教师，上课十分认真，态度也很端正，但每次上课都会出现学生不听从指令、到处乱跑或聊天偷懒不练的现象。体育组长为此十分不解，观察了几次课后仍找不到具体原因。后来邀请笔者前去诊断，结果在观察完一节完整的篮球行进间运球课后，笔者发现，问题十分简单，就是出在口令上，口令下达不完整，学生根本不明白要做什么，怎么做。实际上该任课教师执教班级的学生并非都是调皮捣蛋的学生，而是未能听清指令不知所措，只好聊天或做其他与学习无关的事情。在我们平日评常态课的时候，“组织口令清”是一项基本要求，因此评课者要认真聆听任课教师的口令是否正确和规范，哪里存在问题，并能够及时提出，以使其不断提高教学的有效性。

（6）手段选择灵

体育教学手段的选择受诸多因素的影响，诸如场地器材条件、班级学生人数、教材内容等，但在选择的时候最主要的目的是要能为主教材的学习服务，要更有利于促进教学的有效性。常态课上尽管不要求教学手段堂堂新颖，但是教学手段发挥的作用要能够体现出来。那些仅仅讲究新颖而不注重实际效果的创新手段是不可取的。是否能够选择有效的教学手段，既与教师的教育教学能力关系密切，也与学生对教学手段的敏感性有关。因此，体育课堂上的教学手段不是随意确定的。那么，如何判断常态课上教学手段的优劣呢？要看采用某种教学手段以后，给学生带来了什么。是学习参与度更高了，还是更消极了；是掌握运动技能的速度更快了，还是减缓了；是同伴之间合作意愿更强烈了，还是消退了；等等。我们不能一看到未曾见到过的教学手段就赞不绝口，而是要看实际效果。最终判断其科学性、合理性、实效性。如某任课教师在教授弯道跑摆臂技术的时候，让每名学生左臂腋下夹住一根折叠起来的绳子练习摆臂，体会内侧臂摆动小，外侧臂摆动大的摆臂姿势，从原地摆过渡到行进间摆，最后让学生夹着绳子跑弯道。结果，当学生夹着绳子跑步的时候，很多学生的左臂不摆了，因为他们担心摆臂时绳子会掉下来。该案例反映出，采用不当的教学手段无法达到期望的练习目的。

（7）学用结合早

体育课上通常很多教师注重的是让学生掌握运动技能，而常忽略技能的运用。如学完前滚翻以后，多数情况下，当摔倒的时候学生依然会采用两手撑地的方式，而未能采用团身滚动的方式加强自我保护。这说明学生在学习体操滚翻动作的时候，教师缺乏对滚翻动作实用性的引导，学生学习的时候很难想象出何时会用到滚翻。再如，学完篮球传接球技术以后，在比赛的时候就有一些学生球传不出去，或一传就丢球。这一现象说明什么？说明了学生在学习的时候仅仅围绕两人传接球进行练习，而缺乏与比赛实际相关联的实战性练习，即脱离实际的练习难以达到学以致用的效果。

那么，该如何将学用结合得尽可能地早些呢？当学生初步掌握了某项技术动作以后，也就是说，学生能够用身体展示该动作（即会做）时，就要采取学用结合的方式，联系生活实际或比赛场景，强化该项技术，从而达到技能掌握的程度，如此在生活中或比赛中方能灵活运用。如篮球传接球技术学习，当学生能够两人一组原地和行进间传接球后，就可以模拟比赛场景，在两人传接球的时候设置障碍，要么有人抢断，要么加快推进速度，要么传运结合，从而加强学生对篮球传接球运动技能的掌握。学生在学习的时候及早有使用的意识，再提高运用的能力，学以致用才能够更好地实现。

（8）密度适中好

练习密度是确保学生在体育课上得到锻炼和掌握运动技能的关键要素，练习密度的高低，既体现出教师教育教学能力的强弱，同时也反映出体育课质量水平的高低。体育课上的练习密度多大为宜？是高了好还是低了好？如果用一句话回答的话，应该是适中好。因为练习密度大小不能一概而论，它受场地器材条件的限制，也与运动项目有着密切的关联，还与班级人数多少相关。但是无论何种条件何种影响因素，自始至终都要把握好两个原则，即精讲多练原则和少等多动原则。这两个原则告诉我们，一方面要保持合理适中的练习密度，教师在体育课上要尽可能地少讲，不能因为过多的讲解而占用了学生练习的时间；另一方面还要考虑学生在课堂上的状态，有时体育课上教师并没有过多的语言，没有过多的语言挤占学生练习时间的现象发生，但是教师分配的组别过大，学生等待练习的时间过久，或组织无意义的展示过多，即让多数人去观摩少数人的技术动作，或者是教师有其他方面不当的组织。如某节体育常态课上，教师将音乐播放器放在了距离练习地点较远的地方，练习开始时忘记了播放音乐，然后马上让学生原地等待，而任课教师缓慢走向音乐播放器，来回花了 1 分多钟的时间，影响了学生的练习时间。还有的是因为练习前所用的音乐过门太长，师生静静等待了近 1 分钟，也是学生白白地站着等影响到练习密度的现象。

评常态课的时候，就练习密度而言，我们需要看教案上的预计和课堂上的把控，一方面看是否一致，另一方面看有没有时间上的浪费。假如是在现场看评课，也可以借助对练习密度的测量来衡量和评判练习密度是否达到了理想的程度。总之，体育课作为以身体活动为主的特殊课堂展现形式，练习密度不能过低。使练习密度达到适度水平是每一位任课教师需要认真遵守的要求。

（9）德育应体现

党的十八大以后，明确了立德树人在教育工作中的重要地位。体育学科以前缺失的是课程实施过程中的育人的落实，往往重视运动技能的传授和体能的改善，而育人工作却没有被放到重要的位置上。体育课上良好的德育始终未得到应有的重视。如有的学生在耐久跑课上怕吃苦，坚持不下来，中途退场，有的从一开始就不敢上场，早早当上了见习生。遇到这样的情况，教师要了解实情，及时教育和引导学生。还有的学生在体育课上因抢占好的位置或有利的练习场地而争吵，甚至大打出手，有的教师视而不见，有的教师仅仅是制止而不进行有针对性的教育。还有学生在体育课上做了好人好事，或帮助他人克服困难，教师却没能及时关注与表扬。

育人工作要抓时机，还要创造良机。当我们在评判一节常态课是否规范的同时，需要看一看课上育人功能是否有所体现，是否考虑到了学生未来发展所需要的良好品格的教育。

（10）隐患须防范

体育课上随时随处都有可能存在安全隐患，如场地湿滑、器材破损失修、练习距离过于密集、练习要求提得不够具体、学生之间不能友好相处、体操器械上练习缺乏自我保护意识和能力、跳远沙坑不符合安全需要标准等。安全隐患的存在并不可怕，可怕的是对安全隐患不采取任何措施进行防范。有的虽然有防范措施但却不给力，如教师是通过语言提示提出的安全防范："注意安全"或"一定要注意安全"。这样的防范方法与无防范没有太大区别，因为学生听了这样的安全提示依然不知道该如何做，自然也就难保安全。

评常态课优劣的时候，就安全隐患的防范而言，需要把握几点。一看这节课上的安全隐患有无，如果有安全隐患，要看隐患大小，是否有较大的危险性。二看课上任课教师是否认真观察分析判断安全隐患的危险性，是否做出了有效的防范处理。三看课上是否出现安全事故，如果有事故发生，事故产生的根源何在。了解这几个方面以后，评出安全性难度不大，难就难在，我们评课的时候也忽略了对安全隐患防范的要求。也就是说，不仅上课教师要有安全意识，参与学习的学生要有，评课者同样也要有。尤其是捕捉安全问题的能力也决定着对安全性的判断。

3. 如何把握十项要求

常态课的十项要求相对具体而全面，评出常态课的优劣之前，需要认真了解其中的具体含义，把握任课教师应该如何做，以及做到什么程度。具体来讲可以从"全"与"实"两个方面进行把握。

"全"是指观察评判要全面。十项要求大致可以从哪十个方面具体把握，从有无教案到课堂观察是否得以强化，再到是否注重学法指导，以及有无德育渗透等，越全越能够做出相对准确的判断。当然，对于常态课而言，并非每一位任课教师任何时候都能够将这十项要求做到位，但是对于评课者而言，却需要有全方位的观察和判断。根据十项要求达到的情况，可以将常态课划分为差的常态课、一般的常态课和好的常态课。一般而言，好的常态课拿来就能作为评优课去上，可以给大家提供观摩学习的经验。任课教师能够按照十项要求将平日的常态课上得"十全十美"，那只是理想状态，很多时候，受教师的精力所限，尽管教师有较高的热情，依然会在某些方面有所疏忽。基于此，评常态课既要全面观察，又要全方位考虑，考虑任课教师做到了十项要求的哪些方面，哪些还有欠缺。评课者要能够找到问题，还能提出一定的提升建议，这有助于任课教师的改进提高。因此，评常态课对“全”的把握不容忽视。

“实”是指从实际出发，因地制宜地评。评常态课与评评优课不同，一定程度上，上评优课的时候，已经基本上克服了条件制约，往往都会有较好的器材条件和场地环境。从任课教师来讲，很大程度上已经不再是一个人的能力体现，而是在指导教师的带领下的团队智慧的结晶。但是，评常态课却与其有着本质的区别。一方面场地器材条件会有很大差异，城乡之间、东中西部区域之间、一线二线乃至三线四线城市之间等都不尽相同；另一方面教师处于不同的能力发展期，其所上常态课的效果也是有一定差别的。

体育教师的教学能力大致可划分为四种类型：学教型、能教型、会教型、精教型。属于学教型的教师，其常态课上往往会出现这样那样的问题，因为他对很多方面可能还疑惑不解。这类常态课上有问题是难免的。属于能教型的教师的一个最大的特点，是基本上这一能力类型的教师大都在单纯走教学流程，很少会注重课堂观察，更难以指导学生掌握有效的学习方法。能教型的教师能够完成平日的教学工作，但其质量多有不足。属于会教型的教师与能教型的教师有一个最明显的区别，就是会教型的教师不仅会认真观察课堂上学生的学习情况，更为重要的是之所以成为会教型教师，是因为他们比较重视学法指导，无论是在讲解还是示范的时候，都能够告诉学生如何听讲、如何观察，甚至如何练习。该能力类型的教师的教学效果往往比较明显，而且从教学观念方面，已经从重教转向了更重视学生的学习。属于精教型的教师已经能够灵活自如地驾驭课堂了，或许这类教师的课堂与教案多少会有些出入，也即是说，他们不一定将教案上的内容完全呈现在课堂上。这是因为，精教型的教师会根据课堂上的实际情况及时调整内容或方法。精教型的教师往往以学生发展为中心，既注重对学生能力的培养，又兼顾到方法的传授，更考虑到了学生未来发展所需要的良好品格的养成教育。

基于以上分析，从实际出发，因地制宜评常态课将是客观的和相对准确的。

二、按十项要求评肩肘倒立课

了解了常态课的十项要求之后，我们在评价一节常态课的时候，就可以对照这些基本要求，看该课符合哪些要求，还有哪些方面有待完善。通过这种方式既可以找到常态课的短板，还可以为进一步提高常态课的质量提供重要依据。

1. 肩肘倒立案例来源

肩肘倒立这节课是一节常态课，授课者当初是北京市西城区育民小学何雪老师，现在是西城区体育教研员。之所以说它是一节常态课而不是其他类型的课，是因为在观摩这节课之前，笔者跟何雪老师有个约定，在她按照正常教学进度上课的过程中，笔者将随机选择某一天去观摩她的常态课。一来观摩学习，二来对她的体育教学能力做初步诊断，结果去的那天，刚好赶上何老师上这节肩肘倒立课。

2. 肩肘倒立案例呈现

笔者观看了这节肩肘倒立常态课并对教学过程进行了记录，重点记录下了教学语言，以便于进一步分析常态课的质量与水平。同时，对这节课的评析也为评课者提供了方法借鉴。

【课的开始部分】

老师：(上课铃响了，开始集合整队) 稍息！立正！向右看齐！向前看！

(学生按照老师的口令集合了)

老师：同学们好！

学生：老师好！

老师：稍息！(接下来开始介绍这节课要学习的内容，并提出了一些要求) 这节课我们来学习肩肘倒立，希望每个同学都能够认真学习，并保证自己和同学们之间的练习安全。能做到吗?

学生：(全体齐声回答) 能。

【课的准备部分】

老师：向右转！变跑步队形，并注意前后距离。

（学生按照老师的口令和要求，将四列横队快速调整为两路纵队。前后学生搭肩看齐）

老师：找好位置，并活动一下踝关节、膝关节。

（学生按照老师的要求都活动起了各个关节）

老师：踝关节、膝关节。好，原地高抬腿，准备。

（学生按照老师的口令做起了原地高抬腿动作）

老师：抬平。

（学生按照老师的要求尽量将腿抬平）

老师：嘟嘟——嘟！（急促地吹响了口哨，并说）排头带着，从这边开始，跑步——走！

（学生听到老师下达的指令后开始由排头学生带着跑出去了）

老师：注意跑步的姿势，两臂前后自然摆动。

（学生成一路纵队沿着操场跑道跑去）

老师：随时调整和前面同学的距离。

（学生继续沿着操场跑步）

老师：呼吸加上，不要夹着，以肩为轴前后摆动。

（学生按照老师的提示继续跑）

老师：落地要轻。

（学生继续跑）

老师：（提示学生）上体不要晃，肘关节往后带。

（学生继续跑着，听着老师的指令）

老师：继续，肩关节放松。对。肘关节向后带。

（学生已经完成一圈的跑步练习）

老师：注意调整呼吸。对齐跑，不要错落跑。进入第三圈。前两圈完成得非常好。（鼓励学生要坚持跑下去）

（学生坚持跑到了第三圈）

老师：大家的摆臂非常漂亮。（鼓励学生坚持跑）

（学生坚持跑完了第三圈）

老师：下面准备进入第四圈。加大摆臂。

（学生迈开了大步，坚持跑下去了）

老师：体会一下加大摆臂和加快速度的跑步。

（学生边听老师的指令，边认真地跑着）

老师：进入白线后慢慢地调整。

（学生由跑步变成了便步走）

老师：两臂自然摆动，调整呼吸。

（学生按照老师的要求，边走边调整呼吸）

老师：非常好，好，呼吸要均匀。

（学生围着操场慢走一圈）

老师：现在开始找到自己的脉搏，调整到跑步前的水平。是否有还没有恢复的？好，等他们过去以后我们再进场。（这时，有其他班级的学生在跑道上跑）

（学生在跑道上原地踏步，有的学生弯腰蹲下系鞋带）

老师：好，直接站成准备活动队形，今天有没有需要调整的？通过我们刚才的跑之后有没有需要调整的？

（学生按照老师的提示要求走向操场）

老师：后面快一点，快。前后有没有需要调整的？

（学生回到准备活动队形，还有个别学生弯腰蹲下系鞋带）

老师：没有，是吗？

（学生都站好了）

老师：好，下面我们做准备活动。第一节头部运动，两手叉腰，预备起，1、2、3、4，5、6、7、8。（喊完做完第一个八拍，走进队伍里）

（学生按照老师的口令做着头部运动）

老师：2、2、3、4，5、6、绕环。

（学生听口令做头部运动的第二个八拍）

老师：3、2、3、4，5、6、7、8；4、2、3、4，5、6、7、8。（同时做了第三个和第四个八拍的动作）

（学生在老师的口令引导下，完成后面两个八拍的动作）

老师：第二节，肩绕环，臂夹紧，（边示范边讲解）对。1、2、3、4，5、6、7、8。（前四拍前后夹臂展臂，后四拍绕肩）

（学生模仿老师的动作，完成了第一个八拍的练习）

老师：2、2、3、4，5、6、7、8；3、2、3、4，5、6、7、8；4、2、3、4，5、6、7、停。

（学生伴随着老师的口令，模仿着老师的动作完成了四个八拍的肩绕环练习）

老师：腰部运动。（说完，两手屈臂抬平，做起左右转腰的示范）1、2、3、4，5、6、7、8。

（学生模仿老师完成腰部运动的第一个八拍）

老师：（走进队伍里，喊着口令让学生完成后三个八拍，并走到动作不规范的学生那里给予提示）2、2、3、4，5、6、7、8；3、2、3、4，5、6、7、8；4、2、3、4，5、6、7、停。

（学生按照老师的口令完成了后面三个八拍的练习）

老师：腹部运动，好，预备，（做一个八拍的示范，边做边喊口令）1、2、3、4，5、6、7、8。（做完就走进了队伍里）

（学生模仿老师的动作，听着口令完成了第一个八拍的练习）

老师：（观察指导，不再做后三个八拍的示范）2、2、3、4，5、6、7、8；3、2、3、4，5、6、7、8；4、2、3、4，5、6、7、停。

（学生在老师的口令下，自主完成了后三个八拍的动作）

老师：好，弓步压腿。（边说边前后腿成弓步姿势，做起了示范）1、2、3、4，5、6、7、8。

（学生按照老师的要求，做出了弓步姿势）

老师：（走进队伍里，不再示范，而是去指导学生，有时走到跟前扶着学生的肩膀向下按压几下）2、2、3、4，5、6、7、换方向。

（学生听到老师的口令后全体转换方向）

老师：3、2、3、4，5、6、7、8；4、2、3、4，5、6、7、8。

（学生做完转回到原来的体操队形方向）

老师：好，下面五指，四指在一起。（边说边举起了双手，做出了虎口张开，四指并拢，并与拇指分开的动作，进入了专项准备活动阶段，老师转过身，又做了背对学生的示范动作）看老师啊。

（学生模仿老师的动作，举起双臂，做着拇指与四指分开的动作）

老师：反手托在腰后，同时，两个肘关节用力向内收，预备，预备开始，1、2、3、4，5、6、7、8；2、2、3、4，5、6、7、停。

（学生按照老师的口令和要求做了两个八拍）

老师：后两个八拍一队三队做，二队四队像我这样来帮助他。（说着，叫来一个学生做示范）3、2、3、4，稍稍地给一点点力，知道了吗？要顺势。顺着他夹肘的力量。

（一名学生和老师一起做示范，其他学生观察示范）

老师：好，二队四队，开始。3、2、3、4，5、6、7、换，4、2、3、4，5、6、7、8。（让学生互换做）

（学生按照老师的要求，两人一组做第三个八拍和第四个八拍）

老师：好，有的学生托手、托腰不对，四指向下。（说着，又背对学生做了一下手托腰的示范）反手托腰，就不会让手脱落了。

老师：好，预备，反手托腰，现在后面的同学检查前面的同学，看看他的手托对了没有。（巡回指导）

（学生按照要求再次做练习）

老师：下面我们开始拿垫子，一队二队大排头带，三队四队小排头带。全体都有，向左向右——转。

学生：（按照老师的口令转过身子）依次去堆放垫子处取垫子。

老师：拿了垫子以后，将垫子摆好。

（学生按照老师的要求取了垫子，并把垫子放好）

（老师指着一个学生告诉他让他把练习场地调整到后面去）

（那个学生按照老师的要求调整了练习位置）

老师：（拿了一个垫子走到两列横队之间，准备给学生做示范，同时让前两排向后转，准备让全体学生观察她的示范动作，示范前解释说）两腿直腿坐在垫子上，两手自然向后撑在垫子上，让你的脚尖、肚子和身体成一条直线。连续做两次，明白了吗？

学生：（聆听了老师的讲解，观察了老师的示范，并回答了老师的问话）明白。

老师：好的，下面都面向北，坐下。

（学生按照老师的要求每人都坐在自己的垫子上）

老师：下面准备撑起——坐下——撑起——坐下，听口令做。（同时，用手势比画着动作，接下来开始喊口令）1、2、3、4，5、6、7、8；2、2、3、4，5、6、7、停。（连续喊了两个八拍）

（学生按老师的口令节拍，1—撑起，2—还原，3—撑起，4—还原，依次类推，连续完成了两个八拍）

老师：（走进队伍里，询问学生是否用力了）用力了吗？用力了。

（学生拍着自己的肚子，向老师表示用力了）

【课的基本部分】

老师：（让前两排学生向后转，准备给学生做示范）注意认真看，两脚夹紧，腿夹紧，两手直臂落在身体两侧，怎么举腿呢？两臂用力压垫，看我压垫的动作，同时两腿举起来。听清了吗？

学生：听清了。

老师：（做起了具体示范，并说）压垫，举腿。（头转向右侧问学生）看清了吗？

学生：看清了。

老师：(头又转向左侧问学生) 看清了吗?

学生：看清了。

老师：要是想把腿举起，两臂用力压垫才能做到举腿。开始体验一下，预备。

(全体学生都各自躺在自己的垫子上，按照老师的口令做动作)

老师：(看到学生的头放得太靠上了，出垫子了，提示学生身体向下一点，头也能放垫子上) 头往下一点，头触垫子往下一点。

(躺在垫子上的学生中那些头部太靠上、头部几乎挨着地的学生听到老师的指令后，有的学生的头部就往垫子上移动一点)

老师：往下一点，对。

(学生按照老师的指令都躺平了，做好了准备)

老师：好，嘟嘟！预备，嘟！(马上吹起了哨子) 压垫向后倒，脚尖着地，压垫子，使劲压垫子。

(学生按照老师的哨声和指令做起了动作，举腿后倒，脚尖接触地面，两手压垫子)

老师：(边说边走向手未能压垫子的学生，蹲下来纠正学生的动作) 压垫子，对了，对了。好，嘟嘟！好。

(学生听到老师的指令和哨声后都起身坐起来了)

老师：非常好！嘟嘟！预备。(再次吹响了哨声)

(学生听到哨声后，又一次平躺在垫子上)

老师：要有压垫子的动作，对。

(学生按照老师的指令又一次做举腿后倒动作)

老师：两脚一定要并拢，压垫子，压垫子，对。(巡回指导，去辅导没有压垫子的学生)

(很多学生按照老师的要求做出了两脚并拢和两手压垫子的动作)

老师：好，好，做完了之后，坐好。

(学生按照老师的要求都坐好了)

老师：(把目光转向一个学生，并问) 都能过去吗？

(学生点点头)

老师：好，下面我们再提高一次，再在刚才动作的基础上把腰空出来，对吗？用我们刚才学过的反手托腰，使你的大臂撑住垫面。什么叫肩肘倒立呢？肩肘倒立，字面的意思是，肩、肘撑起自己的身体，把身体成倒立姿势。听明白了吗？

(学生点头示意)

老师：下面我们先体验一次，一会儿再看老师的动作。请你们注意观察。第一，(同时伸出一只手指，举起手臂) 看看我压垫没有 (两手比画着做压垫，并用两手上下震动两下)；第二，我的手是怎么样，手指尖是朝哪个方向的 (两手比画一下两手手指尖)；第三，我在还原的时候，身体还原的时候，是先做的哪个动作？看完之后，我要提问 (举起右手，呈现学生回答问题举手的姿势)。

(学生认真聆听了老师刚才的讲解与要求，并观察了老师的示范)

老师：清楚吗？

(学生点点头)

老师：好嘞！(说完走向示范的垫子跟前)

(学生随着老师的走动，前两排学生向后转身，转向老师，准备观察老师的示范动作)

老师：(走向垫子以后，稍微调整了一下垫子，并指着垫子一头的学生让他们往另一端移动移动) 这边，往这边来一下。到那边去，要不你们看不见。

(学生起身走向另一方)

老师：站两边就行，别挡着坐着的同学。(坐在了垫子上，准备示范，但看到有的学生挡住了坐在垫子上的学生，就提示说) 别挡着坐着的同学，往后站一点。

(学生听到老师的指令后，往后退了退)

老师：这边也别挡着坐着的同学，对。

（这边的学生听到老师的指令后，也向后退了退。其中，有一个学生提醒他前面的一个男同学，让他向后退一些，那个同学听后向后退了几步）

老师：看我，起。（同时，做起了示范动作，先是做了举腿后倒。两手先是压着垫子，然后，两小臂抬起，两手撑着腰，接下来，两腿屈膝，两手压垫子一下，又还原到撑腰处一次，又压垫，两腿放下伸直，坐起）

（学生认真观察老师缓慢的示范动作）

老师：我下来的时候，哪先放的？

学生：手。

老师：对，一定是先把你的手，把你的“架子”放平，然后，再还原。明白了吗？

学生：明白了。（同时，有个别学生点点头）

老师：还有一点要注意的是，我们成屈膝的时候，一定要有控制，这样的话，你的膝关节就不容易打着自己的脸。明白了吗？

（学生点头示意，表示明白了）

老师：好！再看一遍。（说着拉着垫子往前走了几步，又坐在了垫子上准备做示范）在这儿再做一遍。你们看我，坐好，起。（坐下向后倒身，做起了刚才的仰卧举腿脚尖触地、两手撑腰动作）

（学生观察老师的示范）

老师：（几乎做的是慢动作，先是仰卧、手压垫举腿，再轻轻收腿，两手压垫，缓缓坐起身子）抱腿。看清了吗？

（学生点点头）

老师：好，好嘞，准备。（说着，起身站了起来）

（学生起身回到自己的位置上，准备做练习）

老师：动作并不难，但是一定要控制好自己的身体，保持好平衡。

（全体学生都躺在了自己的垫子上）

老师：躺下之后一定要注意姿势，夹腿，绷脚面。

（有学生听到老师的要求之后，做出了夹腿绷脚面动作）

老师：对。预备，按照刚才的动作，开始。

（学生听到老师的口令后，开始做起了动作）

老师：向后触地，对，手扶腰，对。（说着，走向两手撑腰的动作做得不规范的学生，并给他进行了指导）

（学生按照老师的指导做好了两手撑腰的动作，其他学生完成动作以后也起身坐了起来）

（老师走进队伍里，走向一个男生，让这个男生再次做一下这个动作。但他做出了两手撑腰手指完全相反的错误动作。老师看到这种情况以后，开始手把手地纠正他这个错误动作，同时让其他学生继续练习一次）

（这个学生按照老师的纠正完成了动作，其他学生按要求又做了一次）

老师：对了，起。我看一眼，来，预备。

（学生再次躺下准备完成动作）

老师：按垫子啊，按压垫子，别拽。（刚才通过观察发现有个别学生做动作的时候不按压垫子，而是在拽垫子）

（学生按照老师的要求都躺下来）

老师：预备，把腿伸直，绷脚尖。

老师：嘟！

（学生听到哨声后，开始举腿做动作了）

老师：按压垫子。

（学生完成了按压垫子的动作）

老师：托腰。（又发现了刚才做错手撑腰的学生，走向前去再次纠正他，纠正完以后说）对。

（学生按照老师的要求做完动作）

老师：好，还原。下面谁愿意来给大家做一次，有没有？

（没有学生吱声）

老师：今天怎么这么沉默？（说着把垫子拿起，向后拉了拉，边拉边说）啊，不像大家的风格。

老师：谁愿意来？

（还是没有学生吱声）

老师：（走向一个学生）来，你先来。

（这个被叫到的学生站起身准备做展示，躺下，熟练地完成了刚才的练习动作）

老师：好，给两分钟的时间进行练习。开始，有没有需要老师帮助的？告诉我有没有需要老师帮助的？

（学生都躺下了，准备开始做动作）

老师：开始。（说完走向队伍里，准备巡回指导）

（在两分钟的练习时间内，有的学生练习一次接一次，有的学生练完一次以后就坐起来和其他的学生聊天了）

（老师巡回指导，走到远处的学生，俯下身子手把手地纠正其错误动作）

（被指导的这个学生再次做起了这个动作，但是完成起来还是比较吃力）

老师：一定要把你的头放正了。对。好。立起来。好。慢慢地，一条腿先起，对。（说着走向一个学生）好。别坐那儿，自己练。别坐那儿，自己练。

（刚才坐着的学生，听到老师的要求后，又开始练了起来）

老师：练。好，再完成一遍之后，请面向我。

（学生开始再次完成动作）

老师：嘟嘟——嘟！慢点，不着急，不着急。好。面向我，刚才我们做的这个动作叫作屈腿肩肘倒立，有些同学别忘了，刚才那个动作叫什么？

学生：屈腿肩肘倒立。

老师：对，屈腿肩肘倒立。完成一半了，下面呢我们的脚可以不再触地，借助刚才的屈腿，然后，利用我们最早做的挺腹动作，做出展髋动作，髋关节往上挺，好，还是一样，这边看不见的同学向那边移动。（说着准备给学生做示范了）

（学生做好了准备，各自站在了自己的位置上，准备观察老师的示范）

老师：（坐好之后，前面加了一个平举，摸脚面，贴着垫子起，然后，脚尖向上伸，还原）看清楚了吗？

（学生点头示意）

老师：我在这边再做一遍啊。（说着拿起垫子，走到另一端，准备再次做示范动作）（躺下，后倒，举腿）手撑腰，举腿，还原。

（学生认真观察老师的示范动作）

老师：看清楚了？

（学生点头表示看清楚了）

老师：好，现在试一遍。

（学生各自站在自己的垫子旁准备试一次）

老师：今天大家太安静了，有点不适应了啊。好，开始。（说完走向学生纠正其错误动作）

（学生听到练习口令后，在垫子上开始做练习）

老师：不错，不错，已经不错了。（看到一个学生坐起来了，但身体不太直）哎，李伟，很棒啊。（看到李伟同学做得非常标准了）

（学生按照老师的要求在努力做着这个肩肘倒立动作）

老师：（巡回指导，并继续说）向上伸，脚尖向上伸。

（有一个学生做不到，老师巡回指导时发现了这个学生做的错误动作）

老师：压垫子，手一定要压垫子。腰立起来啊。

（学生完成动作以后准备下来）

老师：下来的时候先屈腿，先屈腿。

老师：好，来，面向我，李伟是咱们班第一个做起来的。他做得多么漂亮，他做的展髋的动作特别漂亮。来，大家看啊，开始。

（李伟同学听到呼叫后，走向老师的示范垫子）

老师：直接在你的垫子上做。对，一步一步地，很稳。怎么样？（带头给李伟同学鼓起了掌）

（伴随着老师的掌声，全体学生也开始鼓掌）

老师：不错，好，下来。

老师：非常好。好，再找一个，宇航来，帮他把垫子拿上来。

（准备做展示的同学坐在了垫子上）

老师：大家都到那半球。

学生：那半球？（有学生反问，听到开始的口令后到了另一边）

老师：那半球。好，开始。

（学生走向垫子开始做展示，慢慢一步一步地完成了展示动作，其他学生和老师一起在一旁观看着）

老师：出现一个问题，（注视着这个学生完成展示动作，发现他做的过程中存在问题）需要对他进行保护与帮助。那么，我们保护与帮助的方法是，一定站在练习同学的侧后方，用双手抓住他的踝关节，用你的膝关节轻轻地顶住他的腰部和臀部。

（学生在原地观察，但不利于观察清楚）

老师：去那边看，去那边看。（想让学生从后侧转向前面观看老师示范的保护与帮助方法）

（学生听到老师的指令后都站了起来，围着老师和那位展示的学生，认真观察）

老师：我们别太使劲，轻轻地用你的膝关节顶住。一定要站在侧后方，顺着他上起的力量向上提，稍微给一点点力。下面前后两个同学一起进行练习。

学生：（听到了练习指令后开始分散开来准备两人一组进行练习）（有学生问）向哪边做啊？

老师：向哪边都行，向哪边都行。好，开始吧。

（学生开始两人一组进行练习了，练习过程中需要同学保护与帮助的时候，有学生不知道站在哪里了）

老师：（走进学生练习场地之间，并指导着不知道如何保护与帮助的同学）站在侧后方，站在侧后方。（走向一组学生，开始手把手地教一位女生保

护与帮助的方法）

（学生跟着老师学习该如何进行保护与帮助）

老师：（提示做动作的学生）脚尖向上伸。对。（说完，又蹲下去帮助做动作的学生将其两肘关节往里面移动）

（保护与帮助者扶住同伴的小腿）

老师：好，起来了吧。好的。（转身走向其他学生，并说）还有没有起来的？（巡视着学生做练习和使用保护与帮助的方法）对，对。（说着说着，走向一组男生，并用膝关节帮助那个学生顶住腰部，给那个学生演示保护与帮助的方法）对对，单膝顶着。

（学生在练习的时候，有学生没有站在练习者的侧后方进行保护与帮助，而是站在练习者的头部位置了）

老师：（发现以后及时走过去纠正）站在练习者侧后方。（完整地又做了一次保护与帮助的动作，并俯下身子用肩部顶着这个学生，用双手去扶练习者的肘关节，并说）一定要夹肘。

（好多学生继续练习，这个观察老师做保护与帮助动作的同学认真聆听了老师的讲解，并观察了老师的示范方法）

老师：（指导完，又转向另一组学生，这是三人一组的小组，看见学生保护与帮助姿势不正确，马上跑过去并开始了指导，先是扶练习者的肘关节，又提提他的腿，又扶扶他的手，使其保持好两手撑腰的姿势）对。

（三人小组中的两个学生认真观察老师的保护与帮助动作和指导方法）

老师：（走向另一组学生，并问）做完了吗？

学生：做完了。

老师：好，嘟嘟——嘟！

（学生听到哨声后立刻集合了）

老师：好，还有没有刚才保护但是没有保护起来的？

（没有学生回答）

老师：别不好意思。刘棱，来，来来来，最大的块头儿。

（一个班级内最胖的学生走向老师，准备接受老师的指导）

老师：来来。咱们鼓励鼓励他。

（学生听到老师提出的要求后，鼓起了掌）

老师：来，好，准备，压垫子，没关系。

（学生很吃力地做着）

老师：对对，好的。（同时，进行了保护与帮助）

（学生完成了动作，其他同学又一次给予其热烈的掌声）

老师：肘关节夹住，对。好，屈腿下，手，手，手松开，先松手。不错啊，还要继续练习。

（那个"小胖墩"非常有成就感地开心地回到了队伍里面，其他学生第三次鼓起了掌）

【课的结束部分】

老师：（带着喜悦的心情，很开心地讲）好，今天我们学习并初步尝试了肩肘倒立，我们再继续努力。好，现在我们还要把垫子放到刚才取垫子的位置。

（学生迅速收放垫子）

（老师也将她的示范垫子折叠后拿了起来，走两步后，把她的垫子交给了一位男同学，并让他帮助将垫子放到原位）

（学生都收好垫子，摞起来了）

老师：大家都收好垫子后，回来，下面我们该做游戏放松一下啦。（说完，拍了两下掌）

（学生认认真真地将垫子摆好）

老师：放好了就行了。

（学生都按要求收放好了垫子，跑回到老师集合的队伍里）

老师：前两排同学蹲下。

（前两排学生闻声蹲下了）

老师：去把绳子取回来。（给学生讲一讲接下来要做的游戏，让一名学生跑过去把游戏要用到的绳子取回来，之后让学生起立，带着学生走向游戏场地）

（学生跟着老师走向游戏场地）

老师：记住男生第一队第二队。第一队站在中间的这条白线上，面向南，中间要留出一点位置。

（第一队男生按照老师的指令站好了）

老师：第二队男生上来以后面向北。正好一个一个插进去。（说完，老师走进队伍做了个示范，让学生看如何插进去）第二个、第三个、第四个，依次向后站。明白吗？好，快。

（第二队男生迅速走向老师指定位置去站好，但是第一个男生跑过去后，站错了位置，方向也站错了）

老师：面向北，对。

（学生都按照第一个男生站的方法依次站好了）

老师：对了，对了，女生看着啊。我的这个绳，这样拿着，对。（说着，把绳子放好，交给学生）

（学生接过老师手中的绳子，都握住了绳子，准备游戏）

老师：对，快快快，对，怎么握绳，胸前正手抓，对。

（学生按照老师提示的方法正手抓好了绳）

老师：下面听到信号之后，两队同时向你们各自面向的方向使劲，这回明白了吗？明白了吗？明白了吗？

学生：明白了。

老师：哪一个队，哪一个队，先把绳拉过你前面的这条白线就算胜利。预备，（转向另一侧，再次指导学生握绳的方法）正手握绳。正手，对，预备啊。

学生：（都握好了绳，做好了准备）

老师：预备——嘟！

（学生听到哨声后开始用力拉绳，学生们开心得很，几乎每个学生都在快乐地游戏着）

老师：嘟嘟——嘟！来，女生来试试。男生把绳子放到地上。

（女生走向前准备游戏，并站队握绳）

老师：对，相反方向。预备了哈。正手正手，准备好。这边绳多了，往这边来一下，对。好，准备了。

学生：（女生按照老师的要求调整着队形，这时有一个男生喊起了加油）加油！

老师：预备——嘟！

学生：（女生游戏，男生在后面喊加油）加油！加油！加油！加——油！加——油！

老师：（看到南边的一队女生已经被北边的一队女生拉过去了，接着吹响了哨声）嘟！下面咱们再换一个方向，刚才面向南的，现在面向北，开始。（让男生进场再游戏一次）

学生：（男生走向场地，准备再次游戏，站好后，有人已经开始使劲了，有学生说）先别使劲，先别使劲。

老师：女生往前面站，对对。

（学生做好了准备，准备听哨声，但已经有学生开始使劲了）

老师：预备，现在先别使劲啊。预备——嘟！

（学生听到哨声后开始拉起来了，男生拉，女生在一旁喊加油）

（学生快乐地游戏着，老师指着学生也开心地笑着，有两个学生都拉倒到地上了）

老师：嘟嘟——嘟！

（学生还在拉着）

老师：（再次吹响了哨声）嘟嘟！男生不错啊。女生来，女生来。

（女生跑向场地做着准备）

老师：嗨，最后一次了，男生在那边加油啊。预备。好，预备了哈。预备——嘟！

（女生游戏着，男生喊加油）（一个女生拽倒在地）

老师：嘟嘟！嘟！集合，咱齐玉非常勇猛。

学生：哈哈哈哈哈哈……

老师：永不放弃，是吧？都倒地上了，还死死地抓住绳子不放。这种精神非常好啊。你们发现了吗？刚才女生发现了一个小技巧，她们把绳子的两头一起往外兜，这样会有效很多。以后我们在延伸这个游戏的时候，也可以让两个相对应的人势均力敌，这样就会取得更大的胜利。好，今天我们学习了肩肘倒立，大家都学得非常认真。收腹立腰。

（学生和老师一起总结今天学的内容的要点）

老师：肩和肘形成一个三角形，今天大家练得都很不错，以后的课上还要熟练。好了，一会儿呢，下课之后，各组把垫子放回器材室。摆齐了，一定要摆齐了。好，明白了吗？

学生：明白了。

老师：好，稍息，立正，向右看——齐，向前——看，同学们再见。

学生：老师再见。

老师：下课。

3. 肩肘倒立案例评析

肩肘倒立这节课作为一节常态课，如果我们用常态课的十项要求来分析它，如下所述。

关于“上课有教案”。该节课认真完成了教案的撰写，教案格式比较规范，内容安排合理，时间分配清晰，目标的确定也比较具体。

关于“常规要全面”。课堂常规是体育课上师生都需要履行的。常规有无，以及常规是否全面，都反映出体育课的规范程度。而且，课堂常规还与学生的养成教育、安全教育等有着密切的关联。抓好课堂常规有利于提高教学的有效性。这节课的课堂常规相对比较完整，教师不仅在课开始前检查了服装、尖锐物品，还询问了有没有需要见习的学生。纪律要求明确，课的结束部分安排了小结，且安排收还器材的学生，在课结束后由各组学生将器材收还到了器材室。

关于“课堂重观察”。课堂观察主要是任课教师在课堂上对课堂学习情况的观察和了解，根据观察的结果及时调整课堂教学的方式方法，并有效指导学生学习。有的教师在课堂上注重对学生的观察，有的并非如此。本节课教学中学生练习的时候，教师将比较多的精力花在了对学生练习情况的了解上面，从而能及时发现问题，并能够准确纠正。如发现学生手撑腰的姿势不对就立刻纠正；准备示范的时候，看到有后排学生看不清楚，让前面站着的学生向后退几步，不要影响后面的同学；游戏时看到一位女生摔倒在地上了，两手还死死抓住绳子不放松，及时进行了德育渗透；等等。这些都表明，教师在上课过程中注意对课堂的观察，尤其重视对学生学习情况的观察。这有利于教师及时发现真问题，并做到有效解决。

关于“讲做明方法”。讲做明方法重点是说教师讲解示范的时候要明确提出学生聆听和观察的方法。方法明不明决定着学生聆听和观察的效果好不好。在教学过程中，该任课教师比较注重学法指导，能够很好地贯彻落实“以学生的发展为中心，帮助学生学会体育与健康学习”的课程理念。这不仅有利于学生掌握学习方法，而且还有利于学生对运动技能的学习。如当教师做肩肘倒立示范的时候，她先提出了明确的学法指导：“请你们注意观察。第一，看看我压垫没有；第二，我的手是怎么样，手指尖是朝哪个方向的；第三，我在还原的时候，身体还原的时候，是先做的哪个动作？看完之后，我要提问。”接下来，教师做示范，学生非常认真地观察教师的示范动作。

关于“组织口令清”。这方面集中体现在教师的口令的发出和口哨的使用上。教师在教学过程中，组织教学工作口令应十分清晰，下达的命令也要很明确，这样学生在明确了教师清晰的口令后，才能够迅速完成动作。例如，组织学生做准备活动围绕操场慢跑前，教师发出了这样的口令：“向右转！变跑步队形，并注意前后距离。”学生迅速站成两路纵队，并适当调整了与前后同学的距离。又如，当教师让学生准备做一个肩肘倒立辅助性练习的时候，教师说“下面准备撑起——坐下——撑起——坐下，听口令做”。同时，教师用手势比画着动作，接下来开始喊口令：“1、2、3、4，5、6、7、8；2、2、3、4，5、6、7、停。”教师连续喊了两个八拍。学生呢，按教师的口令节拍做着1—撑起、2—还原、3—撑起、4—还原，以此类推，连续完成了两个八拍的练习。

关于“手段选择灵”。练习手段的选择决定着教学效果，所以，我们可以用灵与不灵来判断教学手段。有效的教学手段表现出的是：学生练习有一定的积极性，练习后的效果较为突出。无论是个人练习还是小组合作练习或是集体共同练习，学生的参与度都会相对较高。相反，一旦练习手段选择不佳，有的学生的练习会比别人次数少或不投入，有的学生只被动机械地练习而不动脑，甚至有的学生会完全停下来不愿练习。这节课上，任课教师选择的多种练习手段中，在结束部分安排的比赛性游戏，学生的参与度很高。男生两队之间比，女生两队之间比，结果可以在比赛中看到，几乎每个学生都享受到了游戏比赛给他们带来的快乐，笑声和笑容从一开始到游戏结束都持续不断。还听到了学生为同学加油助威的声音，声音之集中，持续时间之长，说明学生团结协助的团队意识较强。甚至有个别学生在游戏中被拉倒在地时还一直坚持到最后，这些参与的积极性表现，都反映出练习手段的选择激发了学生的兴趣。但遗憾的是，这个游戏放在了结束部分作为放松活动的一项内容，稍有不妥，因为学生在参与该游戏比赛时心理上或许能够得到放松，但身体的放松却难以体现。

关于“学用结合早”。“学用结合早”要表达的是：体育课堂上的学习要和日常生活中或正式体育比赛中遇到的场景关联起来，且需要早一些结合。具体包括：一是学习运动技术时，要能够与生活中遇到的需要该技术的场景结合练习。如学习前滚翻要能够告诉学生在生活中从高处掉下，或快要摔倒时如何用团身滚动方法加强自我保护，并让学生在课堂上多体验。又如，学习篮球传接球技术的时候，需要适当地让学生在模拟篮球比赛的场景练习有人抢断的传接。二是学习锻炼方法时，要能够延伸引导学生在课后自主锻炼的时候运用课堂上所学的那些方法。如每节体育课教师都会带领学生做准备活动，但是大多数学生却没有在课外自主锻炼前先做准备活动，说明学生未能真正掌握课堂上的那些练习，也说明大部分教师都未能在学生做准备活动的时候告诉他该如何运用。三是学习做人时，除了教育引导学生在课堂上如何做人之外，还要能够延伸到生活中如何做人，并能够举出相应的案例去引导他们哪些能做，该如何做，哪些不能做。在肩肘倒立这节课上，学用结合表现得不太明显，或许有人会说，在生活中难以用到肩肘倒立。实际并不然，肩肘倒立中的同学间的保护与帮助是互相的，可以教育引导学生要乐于帮助别人，并认真保护与帮助别人，帮助别人完成动作本身就是助人为乐的事情。有些学生在保护与帮助他人的时候心不在焉，位置站反等现象时有发生，教师要及时纠正。除此之外，如果教师能够引导他们做人或许效果更突出。

关于“密度适中好”。练习密度在体育课堂上安排得适中与否，不仅影响着课的规范性，更影响着学习效果。练习密度既不是越大越好，也不是越小越好，而是适中最好。过大过小的练习密度都不是最佳的，那么，什么样的才是适中的？拿什么来衡量练习密度是否是适中的呢？从时间上来把握的话，看是否有一半以上的时间用于学生练习了，有无明显的大大小小的时间浪费环节。从原则上来把握的话，看体育课堂上是否做到了“精讲多练”和“少等多动”；有没有讲了一些或说了一些不该说的，或说了不起任何作用的话；有没有让学生花了较长时间等待练习的环节；等等。从体征上看，学生的面色表现如何，是红润微汗，还是大汗淋漓，还是毫无变化。从呼吸情况来看，是稍有变化，还是无动于衷或气喘吁吁等。本节课教师对练习的把握上，除了课的开始阶段跑得似乎有点多以外，整堂课的练习密度的把握都较为适中，几乎不存在练习时间浪费现象。

关于“德育应体现”。体育课上的德育工作不仅要有，而且几乎每堂课都要能够不失时机地进行渗透和引导。尤其是课堂上看到、听到、感受到的值得引导的时机更不容错过。因为，往往那些课堂新生成的而非教师有意设置的教育环节，学生接受得更为自然与有效。例如，当课堂上出现学生间争执的时候，教师要教育学生互相谦让，以礼相待，吃亏是福。当学生在课堂上看到标志杆倒下影响练习的时候，有学生主动上前将其扶正，确保练习正常进行，教师应以此为榜样教育学生要有责任意识和担当精神等。这节课上，在课小结的时候，教师及时表扬了那名在游戏比赛中摔倒但依然坚持到最后的学生，这种顽强拼搏和坚持到底的精神着实需要启发引导其他学生去学习。

关于“隐患须防范”。体育课上尽管我们不能完全保证不出现任何伤害事故，但是，很多情况下的伤害事故是可以通过有效的防范措施使事故发生率降到最低限度的。那么，体育课上是否对安全隐患做到了及时有效防范，既是常态课是否规范、完整和有效的表现，也是教师安全防范意识和能力强弱的体现。凡是室外体育课，无论什么内容，都会或多或少地存在着一定的安全隐患，只是有的隐患大，有的隐患小，有的隐患明显，有的隐患不明显。这节肩肘倒立课，在课的开始部分教师就及时检查了服装，并将学生的发卡、眼镜、钥匙等尖锐物品事先收放到了操场旁边的台子上了。从一定意义上来说，强化安全防范十分必要，但也有些许疑惑，就是当提前将近视学生的眼镜取下收走以后，是否会影响到学生观察教师的示范动作，对于那些近视程度高的学生，慢跑或做其他练习的时候，是否会因为看不清而增加新的隐患等。这些疑惑如果能够顺利消除，体育课的安全保障问题或许都能迎刃而解。而另外值得许多老师学习的是，何雪老师在做示范的时候，特意很具体地讲明了为什么在肩肘倒立完成后的还原阶段需要注意安全。她说：“我们成屈膝的时候，一定要有控制，这样的话，你的膝关节就不容易打着自己的脸。”并非所有的老师都能够在安全防范方面做得那么具体，更多的老师通常在常态课上，甚至是观摩课上会说“注意安全”或“一定要注意安全”这样的不具体的防范语言。下面对如何从十项要求评常态课做一个简单的归纳。

评课案例评析：常态课

常态评优有不同，　十项要求结果明；
定性评说是关键，　逐条比对皆可现；
十个方面相对全，　把握课堂有关联；
肩肘倒立上得好，　学法指导用得巧；
部分手段选择灵，　兴趣激发最先行；
课堂观察细又多，　发现问题及时说；
比对十项有遗憾，　学用结合未曾见。

第三章　研究课：按研究专题评出启发性

研究课作为一种特殊的课例形式，通常用于多种教研活动之中，从学科角度看属于体育课，但又与普通的评优课、常态课有一定的区别。有时开展教研活动的时候，也会选一节评优课或常态课进行教研工作，但是，单纯意义上的研究课和课例研究是不完全相同的。所谓研究课通常有较为明确的研究专题，以研究专题的设定为前提，或针对某一专题从课中展开研究工作，看看该专题的呈现情况。那么，究竟研究课的专题是什么？如何通过研究专题评出某研究课的研究价值所在？本章重点探讨这些问题。

一、了解研究课的研究专题

可以从多少视角设计研究课的研究专题。需要研究什么就设计一节什么问题的课，相反，也可以找到有相似问题的课去研究。

1. 为何要设置专题的研究课

很多教研活动的开展，其宗旨在于通过对课的研究提高教师的教学技能水平。但是，长期的教研活动带来的启示是，通过研究体育课，可以比较直观地找到课中的问题，通过研讨分析问题产生的根源，互相交流应改进的策略，这些不仅能够对任课教师提升专业技能有很大的帮助，而且对于参与研讨的教师而言，也同样能够带来诸多启发和教学能力的提高。但一个比较突出的问题就是，所选课要具有代表性，研究什么样的专题，课中就要能够充分体现该专题的经验或突出问题。有的研究课不一定是存在这样或那样的问题，而是具有丰富的经验。那些经验也是研究的最好素材。因此，源于专题研究的研究课的设计或选取非常重要。当然，研究专题可以从不同角度确定，一般而言，通常基于研究者需要研究或解决的问题确定。诸如，教师的讲解专题、教师的示范专题、学生的练习专题、学生的观察专题、学法指导专题、场地器材专题、安全防范专题、突发事件专题、课堂游戏专题、放松活动专题、准备活动专题、队列队形专题、课堂常规专题、音乐选配专题等。有些研究课上可以以某一专题为主开展研究活动，而有些课上或许会为多个专题提供研究范例。无论如何，研究课按照专题设计或选取是十分必要的。那样可以使教研活动更具针对性和实效性。

2. 研究课的研究专题有哪些

如果从专题研究的角度开展教研活动，那么可以说浙江省的教研活动开展得比较深入、全面和持久。在浙江省九城区中小学体育教研联盟主席沈斌和浙江省教育厅教研室中小学体育教研员余立峰老师的共同组织下，陆续分别在小学、初中两个学段举办多期体育教研活动。尽管每次的活动主题不同，但一个最大的特点是每次都有不同区域的观摩展示活动课供大家观摩研讨。笔者多次参与九城区活动的体会是，研究专题可以按需设置，可以根据事先设定的专题组织课堂教学活动。那么，如何设置研究专题呢？分类依据不同，专题设置的思路和方法以及呈现形式也各异。下面分析几种常见的研究专题，以便于能够给广大参与评研究课的教师提供一定的参考，为上研究课的教师带来一些启发。

（1）教师讲解专题

研究课针对教师讲解展开研究工作，既需要了解讲解中的若干问题，也需要学习有经验的教师在讲解的时候积累的经验。就讲解经验而言，有的教师讲解幽默风趣，有的教师讲解精准简洁，还有的教师讲解生动形象，更有的教师讲解具有明确的听讲法指导，等等。就讲解问题来讲，有的讲解出现错误，有的讲解不够精练，有的讲解声音过小，有的讲解站位过远，等等。不同的讲解问题都要尽可能避免，但是通过对研究课的研究才能强化印象，学习经验。如一节体育课教师在课堂上的教学语言记录下来总共8000多字，分析整理后发现，大约有三分之一的语言可以省去不讲，有三分之一的语言必须要讲，还有三分之一的语言需要进一步推敲后再讲。这说明通过聆听和记录的方式可以进一步分析语言的问题和根源。又如一节软式垒球课，教师在向学生讲述棒球和软垒两项运动的区别时，从比较两个棒子打球的方式一语道破了二者的差异所在。教师说："棒球是打运行中的球，而软垒是打固定的球，方法更简单了。"这样的讲解语言就比较简单明了，显然也很精准，便于学生理解和掌握。以语言为专题进行研讨，可以深入了解讲解语言究竟该如何表达更合理。

（2）教师示范专题

研究课如果以研究教师的示范为主，那么在这个研究课上要么体现出教师示范的丰富经验，要么包含有多种示范问题，以便于提高其研究价值。就示范经验而言，有的是时机把握灵活，有的是示范位置恰到好处，还有的是示范动作优美潇洒，更有的是示范明确提出了观察示范的具体要求。看到这样的课和观察到任课教师的这些示范经验，自然就能够对示范能力的提高起到一定的促进作用。就示范问题而言，可以说是五花八门，最不能接受的就是示范错误，因为一旦示范出现错误，就会误人子弟。示范问题有的是所选示范位置不利于学生观察，甚至无法让学生观察到，但教师还依然做着自己的示范。还有的示范尽管没有出现任何错误，但是多次示范均未能成功，失败的示范自然也难以带来好的效果。有的示范如同教师自己在表演，展示自己的技能水平有多高，丝毫没有顾及学生的学习效果，也就是说，不提任何观察法要求，而是一味地在自我欣赏式地展示高超的技能水平，结果学生的收获甚微，这样的示范是不可取的。以示范为专题，从正反两个方面进行研究，往往能够发挥更好的研究作用。

（3）教师指导专题

体育课上当学生做练习时，往往会看到教师指导的身影，但应该如何进行指导，以前教师的指导存在哪些问题，有经验的指导又是什么样的？这些问题都值得进一步探讨。就教师指导中的经验而言，有的教师在学生练习的时候，迅速跑向学生中间，及时发现需要强化指导的学生。有的教师还参与到学生练习之中，充分调动了学生练习的积极性。还有的教师在指导的时候发现表现好、动作优美的学生及时叫到前面给全班学生展示。还有的教师在指导的时候专注于对学生练习方法的纠正。我们可以看到，给力的指导者往往会在学生练习的时候比较积极，甚至能够跑得满头大汗，如图 3-3-1 所示。

图 3-3-1　一位篮球教师指导学生进行快速运球推进练习

相反，就指导问题而言，有的教师按部就班地分组逐一指导，无论学生是否需要指导依然是平均分配指导时间和精力。有的教师发现一个学生出现错误动作，不针对个体进行指导，而是每次都让全班学生停下来接受一个学生的错误动作的指导。还有的教师只强调结果而未能发现错误的根源，指导效果也就不言而喻了。如一节篮球行进间运球课，教师发现学生在运球的时候总是出现不同程度的掉球现象，有的学生掉球频繁，有的学生时好时差。听一听教师的指导语我们就可以明白，他的指导难以达到一定的效果。教师反复强调："别掉球！别掉球！"显然，这样的指导属于无效指导。因为，学生听了这样的指导语以后，根本不明白自己掉球的原因，当然也就难以做到有针对性的纠正。

（4）学生听讲专题

如果研究课设置的专题是学生听讲，评课者就应把注意力放在学生听讲环节上。学生听讲行为的好与差，直接决定着听讲的效果。当然，学生会不会听，听得效果怎样，既与学生的听讲态度、能力、方法有关，也与教师的教法有着密切关联。在课堂上就学生听讲而言，有的会听，积极且全神贯注，效果明显。有的不会听，听讲时走神、心不在焉，时断时续听到一些无关紧要的信息，漏掉很多关键性信息。更有甚者，当教师讲解的时候，有些学生其目光不是直接集中到教师身上，而是东张西望，寻求着其他更有趣的目标，这样的听讲很有可能连讲课教师的声音也难以听到。作为专题对学生听讲进行研究的时候，不仅要观察分析学生听讲行为的表现，还要能够通过分析找到听讲问题存在的根源，尤其要能够找到如何促进学生积极听讲的方法。除此之外，在观察课堂的时候，还要能够对教师针对不会听讲的学生做出的反应给予及时有效的评判。有的教师即便是发现了学生听讲中的若干问题，但依然不理不睬，学生良好听讲法的掌握也就无从谈起了。当我们看到教师对不会听讲的学生或听不到声音的学生进行有针对性的指导时，我们最好还要能够及时记录下教师的指导语并对其进行分析和评判指导效果。

（5）学生观察专题

学生在体育课上的观察时机最主要的是当教师做示范的时候学生观察教师的示范动作。除此之外，当某学生或某些学生展示的时候，其他学生也要进行观察，当学生要互相评价的时候也需要学生的观察行为。那么以学生观察为专题评研究课或对研究课进行评析的时候，我们可以了解的信息有哪些呢？其一是学生会观察的课堂。具体表现为可能会有学生知道先观察什么、后观察什么、重点观察什么；有的表现为学生边观察边做出模仿动作；还有的学生在观察过程中皱着眉头思考，进而点头示意看明白了；还有的学生在观察以后举起了手，咨询教师一些未能观察明白的问题；等等。其二是学生不会观察的课堂，在观察过程中的表现各式各样。有的学生在观察的时候东张西望，注意力不够集中；有的学生在观察过程中低头沉思，未能持续注视观察目标；有的学生在观察过程中与同伴聊天，且聊天内容与观察内容毫不相干；还有的学生在观察以后教师让做练习的时候不明白任务要求，说明其观察的时候心不在焉；还有的学生尽管看似认真观察了，但是在观察后的练习中错误较多，这表明他几乎没有观察到什么，或是没有观察明白；等等。

评研究课中学生的观察，既要能够从学生会观察的课堂上了解观察的有效方法，也要能够对那些学生不会观察的各种表现进行归类阐述，甚至找到根源，提出有效观察的最佳方式。

（6）学生练习专题

学生在学习过程中的大部分时间都是通过各种方式进行练习，练习时间越长越能有利于学生运动技能的掌握，对学生体能素质的提高也更有保障。但练习情况如何，对于研究课而言，要么学生做的是有效练习，要么效果不明显。这与练习的行为是否正确有关，也与教师对学生提出的练习要求有关。那么以学生练习为专题的研究都有哪些情形呢？第一，对于高效的练习而言，具体表现是学生练习进步快、效率高。如果是学生在练习中出现错误动作，经过有特殊手段的反复练习，错误动作很快消失；如果是学生在练习前有胆怯心理，经过诱导性辅助练习，很快消除了紧张和恐惧心理；假如是难度较大的运动技能的学习，经过反复练习以后，变得比较容易被学生掌握。第二，对于一般效果的练习而言，主要表现为学生被动练习的情况比较突出。学生按照教师提出的练习次数逐一完成了各项练习，但缺乏自主探究式的练习，尤其表现为练习机械化，甚至从一开始练习就做错了动作且一错到底。这样的练习有可能是学生对某项练习内容不感兴趣，也有可能是学生对练习的形式不感兴趣，还有可能是与分组形式有关。无论是何种情况，凡是出现被动练习的，其效果都难以得到应有的保证。第三，对于低效或无效练习而言，学生在练习中的表现更不乐观。有的是间断练习，即学生练练停停，观望一下他人都在干什么，然后再继续练；有的学生从教师布置完练习任务后就未能启动练习，一直偷懒到练习任务结束；更有甚者，有个别学生在练习任务下达后，总是捣乱，影响他人正常练习；等等。专题研究学生练习的课堂，评的时候要能首先对这些不同的练习行为和效果了如指掌，否则就难以很好地把握。

（7）课堂评价专题

如果将研究课定位在研究课堂评价上面，那么就要认真把握好课堂评价的形式、内容、方法等。第一，就课堂评价的形式而言，可谓是丰富多样。如果我们从评价者的角度来分，可以是任课教师对学生的课堂学习进行评价，可以是学生对自我学习的评价，还可以是同伴之间或以小组为单位组内或组间评价，或一对一两人之间进行评价，等等。相反，也可以学生现场评价教师，但这种情况很少在课堂上出现，课堂上多以教师评价学生的学习为主。第二，就课堂评价的内容而言，可以评价某个动作的掌握情况；可以评价学生练习中的具体表现是积极主动还是消极被动；可以评价同伴之间的配合，是乐意还是反感；可以评价学生学习方法是正确的还是错误的；可以评价学生探究学习的结果；可以评价学生创新能力的体现；等等。凡是能够评价的都可以在课堂上组织评价环节实施评价活动。但过去的评价内容都集中在对运动技能的掌握程度上的评价。第三，就评价方法而言，可以采取定量、定性或定性和定量相结合的综合评价方式开展课堂评价活动；也可以采取评优的方式评出“小明星”“小冠军”“小飞人”等，以激发学生学习的热情；还可以以培养和提高学生的评价能力为前提，组织开展评价方法的研究性评价，即从布置评价任务，提出评价要求，具体操作评价到对评价的结果进行点评，都交给学生，学生的评价能力能够经过锻炼得到不同程度的提高。

（8）场地器材专题

以场地器材为专题对课进行研究评析，主要包括两方面内容：一是场地及其使用情况，二是器材及其使用情况。具体而言，我们可以以不同图示的方式分析场地器材使用的具体情况。

首先，就场地而言，场地有大有小，利用的情况也有合理与不合理之分，具体使用情况如图 3–3–2 所示。

从图 3–3–2 我们不难看出，无论场地大小都会存在使用合理与否的情况，无论场地大小只要使用不合理都不利于有效教学。对该专题的研究，要能够区分出对场地合理利用的情况，以便于归纳和总结场地使用的经验，及时发现场地使用的相关问题。假如场地使用不合理，要能够找到不合理的根源，而不能仅仅停留在不合理的认识上。

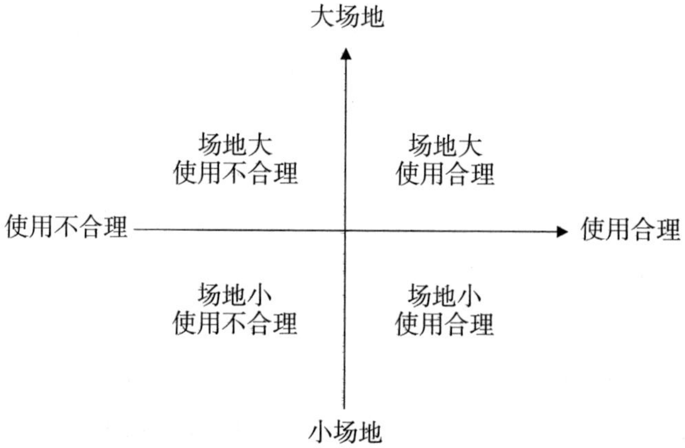

图 3-3-2　场地大小与使用情况分布

其次，就器材而言，体育课上很多项目的教学都会用到一定的器材。有的是标配器材，有的是自制器材；有的器材发挥主要作用，有的器材所起的是辅助作用。对器材的使用存在充分使用与否、能否满足教学需要等情况。如图 3-3-3 所示。

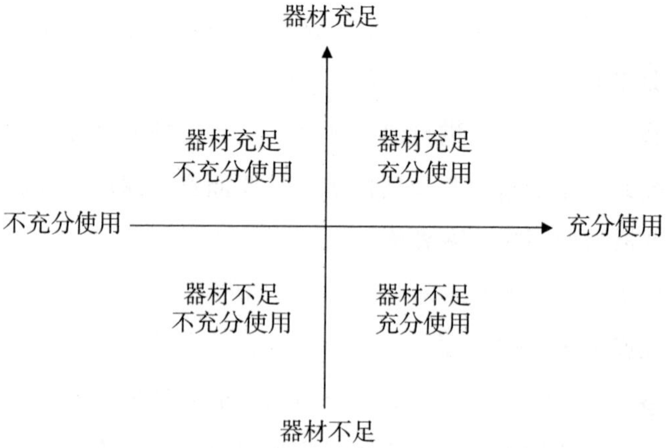

图 3-3-3　器材充足与否和是否充分使用的情况分布

从图 3-3-3 来看，无论器材是否充足，也都有可能存在能否充分使用的情况。充分使用器材，在器材充足的情况下，几乎不会出现让器材闲置的情况，教师更多时间会安排学生进行器械练习而不是徒手练习。在器材不足的情况下，充分使用器材会表现出一物多用的情况。相反，无论器材是否充足，对于那些不能充分使用器材的课堂而言，都会直接影响着学生学习兴趣的激发，不利于学生学习效率的提高。

基于对以上情况的分析，研究场地器材，既要从其大小、数量分布情况来评析，更要能够看场地器材的使用情况，合理与充分使用方能确保有效教学。过去观察的体育课堂，有的教师经验丰富，出现器材不足，不仅会促使教师自制器材，还能够促进对器材多次反复地使用，提高其使用率，以提高教学的实效性。关于场地器材的安全隐患及其防范方面可以参见前面在“六性”标准中的对安全性的分析。

（9）音乐使用专题

新课改前，体育课上的音乐使用深受任课教师的青睐，新课改以后音乐的使用更加普遍。不仅很多课上都能听到音乐，而且同一节课上还会在多个环节多次听到音乐。但与此同时，音乐使用的问题也较突出。因此有必要将体育课上的音乐使用作为一个专题进行研讨，那么，需要从哪些方面切入呢？在研究课上有不同的音乐使用表现，要么是巧妙有效地使用音乐，要么是产生负面效应的音乐使用。下面逐一进行分析。

首先，从音乐选择和使用的巧妙上来看，音乐的选择要恰当，既要符合学生的兴趣爱好、年龄特点、发展需求，又要能够与课的内容相匹配。有些内容需要高亢激昂的音乐，有些内容需要舒缓优雅的音乐，选择和使用音乐是否恰当会带来不同的效果。

其次，从音乐选择和使用的不当上来看，体育课上的音乐问题可谓多种多样。有的音乐节奏不明、音质欠佳；有的音乐在播放过程中突然中断；有的音乐听起来不够悦耳动听，甚至造成学生烦躁不安；有的音乐使用过于频繁，对主教材学习产生负面冲击；等等。

评析研究课上的音乐使用问题要能够从正反两个方面了解音乐使用在体育课堂上的功效，准确判断音乐的取舍和使用情况。

（10）立德树人专题

对于体育课堂上的立德树人问题，既要重视又要讲究方式方法，把握得好能够充分发挥育人作用，反之，负面影响也会随之而至。在研究课上专题研究立德树人问题，要能够了解关于立德树人我们要进行教育的内容有哪些？有哪些形式可以引入？如何基于课堂情况巧抓教育时机？体育育人与其他学科育人相比是否具有特殊性和优越性？对以上问题的回答，对于每一个研究体育课堂的立德树人问题者而言，都值得进一步探讨。专题研究体育课上的立德树人，切入的视角很多，为了使研究更具价值，下面从三个方面谈一谈体育课上的立德树人问题。

首先，不同学段的孩子需要不同的育人模式。同样是谈育人工作，由于青少年儿童在不同的发展时期有着不同的性格特点和品格表现，所以，有针对性地对其实施教育和引导非常关键。不同学段孩子心智发展水平也存在一定的差异，因此，不能用同一个育人模式去教育引导不同时期的孩子。例如，对于小学阶段的孩子而言，其处于习惯养成的关键期，模仿能力很强，又具有较强烈的好奇心，对是非对错还难以做出准确的判断，因此，要能够把握好这一时期孩子的特点，选择适宜的方式进行德育渗透。

其次，育人内容丰富多样且不拘泥于品德教育。学生未来一生发展既需要能力更需要良好品德，常言说：做好人方能做好事。体育学科教学，育人义不容辞，育的范围要能够尽可能地宽一些，育的内容要尽可能地准一些，“因材施育”不容忽视。具体来讲，既要“育体”，还要“育心”。即“形神兼备”式的育更能体现育人功效。“育体”主要体现在良好锻炼行为的培育上，学生的一言一行都能够反映出育的结果。“育心”主要体现在心灵的塑造上，爱心奉献教育、助人为乐教育、友好合作教育、拼搏进取教育等都要能够很好地把握。除此之外，要能够育其高雅，消除低俗；要能够育其自主创造，减少机械模仿。培养其健全人格，塑造其美好心灵，为孩子们的健康幸福人生奠基。

最后，立德树人的真正含义实际上包含两个方面，即教师要先立德，然后方能树好人。因此，研究立德树人在体育课上的具体体现时，不能忽视教师的品德修养之表现。心灵纯洁、富有爱心的教师，方能育出人格健全的学生。这就要求我们研究立德树人工作时不能忽略对师德的要求。

（11）突发事件专题

体育课上的突发事件各式各样。从突发事件的关联性上来看，有的与伤害事故有关，有的与教学效果有关。从突发事件的发生方式来看，多数是预料之外的，少数是预料之中的。从突发事件的处理方式来看，有的造成了较大的负面影响，有的却出乎意料地对课堂教学增加了助力。总之，突发事件专题研究要能够从多个层面分析研讨。

首先，就突发事件的发生情况而言，专题研究突发事件，需要从突发事件的发生、发展着手。突发事件源于什么，是外部环境突然发生变化所致？还是师生自身因素影响的结果？突发事件的发生对体育课带来的影响是什么？是正向促进，还是负向制约？师生在突发事件发生以后做出了什么样的反应？对这些问题的研究都能够让教师更加深入地了解突发事件的性质和特点。

其次，就突发事件的处理情况而言，能否巧妙处理好体育课堂上的突发事件，与教师驾驭课堂的能力息息相关。有的任课教师不仅能够预料突发事件发生的可能性，而且还能够在突发事件发生后第一时间做出诊断并机智处理。如果是带有负面影响的突发事件，该任课教师会使其影响降到最低。如果有可能是带有一定正能量的突发事件发生时，有些任课教师也能够借力充分发挥它的正能量效应。但并非所有的教师都能够如此处理突发事件，有的教师会在突发事件发生时措手不及，有时还会出现相反效果的处理方式，还有的教师不仅未能做出快速反应，还加重了突发事件的影响。

研究突发事件专题的时候，看到、看清、看准、看懂、看会至关重要，看出门道方能评出更好的效果。

（12）安全防范专题

安全事故无论是否是在体育课上都有发生的可能性，如校园踩踏事件、马路交通事故、自然灾害导致的人员伤亡事件等，很多情况下都是防不胜防。但是，就体育课而言，尽管也有可能发生意想不到的事故，但很大程度上是可以做到有效防范的，这就需要教师对安全隐患的把握精准到位，作为专题研究安全防范，不仅不能忽视对安全隐患的性质把握、对安全防范的效果了解，还要注意到安全意识和防范能力的教育引导工作做得如何，更要关注学生的安全防范能力是否足以达到防范事故发生，等等。

首先，看一看安全隐患的性质问题。安全隐患多为隐性的存在，但也有一些隐患属于显性的，即能够看得见、摸得着，能够对此做出判断的。如学生每人手持软垒棒，准备做棒操，可是学生散开的方式并没有发生任何变化，还依然采用的是徒手做操的方式组织学生前后左右成体操队形散开。持棒做操和徒手做操可以说最起码要拉大至少前后左右一臂加一棒间隔，否则安全隐患会很大。

其次，看一看安全防范的措施问题。安全防范工作做得好坏对安全事故的规避影响很大，做得好，很大程度上可以减少甚至避免安全事故的发生。研究安全防范的时候，要能够分清楚防范的方式是语言的还是行动的，是具体的还是抽象的，是直接的还是间接的，不同的方式会带来不一样的防范结果。如当安全隐患被发现后，任课教师只是用语言反复强调“注意安全”“一定要注意安全”等，就难以发挥任何防范作用。又如，体操跳山羊课上，当教师发现踏板发生倾斜后，迅速跑上前将其归位，隐患就会随之消失。

最后，看一看安全事故的发生问题。体育课上一旦发生安全事故，或是极其严重和危险的，或是无大碍的，还有的处于中间危害程度的。但无论属于哪一类事故，都要能够观察到任课教师对伤害事故发生后做出的是什么反应和什么行动。有的教师手忙脚乱，有的教师淡定自如，有的教师施救后再求助，不同的反应和行动会带来不同的处理效果。如有学生骨折后，任课教师并没有迅速将受伤的学生抬起，而是求助校医用担架进行了伤员搬运。研究伤害事故、及时把握任课教师对伤害事故发生后的做法是否得当十分必要。

作为一个专题研究安全防范问题，要认真观察课堂，在了解安全隐患、安全防范和安全事故发生的可能性和具体表现的前提下，正确判断和准确把握安全事故的根源及处理办法至关重要。

3. 评研究课应把握的关键

评研究课的时候，我们既不对其进行评分，也不倾向于批判或表扬，而是站在学习交流的角度，研究相关专题，解决实际问题。那么，评研究课应把握哪些关键点呢？概括起来要把握“真”与“深”两大关键。

“真”是指真实分析研究课的经验和问题，既不夸大优点，也不回避不足。尤其要从研究的角度分析课中的真问题，挖掘真根源，提出真策略。那些只表扬不批评的评课方式不可取。如果是按专题进行分类评析，要能够对要研究的专题进行全面真实的分析，任何带有虚假成分的专题评析都要不得。

“深”是指研究课的分析要有深度。要能够区别于评优课的评分和常态课的评说。要建立在有理有据的评说与深刻剖析其根源的基础上。对评研究课“深”的度的把握至关重要，对课的专题研究达到的程度既决定着评课效果，也体现着评课能力。评研究课时可以采取连续追问的方式，要有打破砂锅问到底的精神，直至挖掘出满意的答案。

二、按研究专题评快速跑课

研究课与评优课和常态课之不同，就在于研究课主要用于研究，无论是以事先设定专题的方式去研究，还是从一节值得研究的课上归纳专题进行研究，研究课最大的价值不在于有多优秀，也不在于是否符合常态课的十项要求，而在于其具有一定的研究价值。也就是说，凡是具有一定研究价值的课都应该是好的研究课，研究价值越大，提供研究的环节内容就会越多越好。研究课一定程度上还是奉献课，不介意人们如何查找问题，但最终的目的是共同提高。通过研究，研究者能够及时发现突出问题和找到主要经验与特色。上研究课的教师也将在他人的研究评析中发现自己的短板，进而提升教育教学水平。下面以山东省泰安市第六中学（简称“泰安六中”）周艳老师的一节初二年级的快速跑课为例，分析如何通过研究专题评出启发性。

1. 快速跑案例来源

快速跑这节课是体育教学研究群首位管理员陈明海老师推荐的，是泰安六中的周艳老师上的课。这节课从研究的角度来看，不是事先设定专题上课并提供研究，而是先有课，后通过观摩归纳专题的研究。希望能够通过对该研究课的评析给评课者带来一定的启发。

2. 快速跑案例呈现

这节快速跑课，有让人眼前一亮的地方，也有有待提升的地方。下面，首先将课的各环节教学过程进行描述，以便后续进行更深入的分析。

【课的开始部分】

学生：向前看，第一排从右到左依次报数。（1、2、3、4、5、6、7、8、9、10）报告老师，本班应到40人，实到40人。（集合整队开始了，体育委员召集大家集合，报数并向老师报告人数）

老师：好，入列。

（整队的学生迅速跑向队伍之中）

老师：（小步跑向队伍前面，做师生问好）同学们好！

学生：老师好！

老师：很高兴啊，今天能够给大家上课，一起来学习，这是我第一次给你们上课，第一次见面啊，我会送给你们一个小礼物。这个礼物呢就是一个小小的魔术。你们要瞪大眼睛来看，不要漏过一些小小的细节，我现在先把魔术道具拿出来哈。

（学生认真观察着老师的教学行为）

老师：一根绳子啊，小小的一根绳子，还有一把剪刀，一把剪刀，看清楚了吗？这根绳子是一条直的绳子，没问题吧？

学生：没有。

老师：然后把它折叠，大家看好它的长度哈。（边说边操作起来）

（学生认真观察老师的魔术变化方法）

老师：把它折叠起来，就是我的大约一扎的长度，是不是啊？

学生：是。

老师：然后，看好剪刀，拿到手里面了。好，前两排女生蹲下。

（前两排女生蹲下了）

老师：好了，我下面要变魔术了，同学们要看仔细了哈，这个折叠的绳子，我要把它放到我的手心里。倒过来，这一头是不是让它合起来了？

学生：是。

老师：然后我要把它合并起来，我要把合并起来的那个头给拽出来，明白了吗？

学生：明白了。

老师：然后，我用剪刀把我合并出来的头给剪开。是不是剪开了？

学生：是。

老师：是不是把它给剪开了？

学生：（认真观察，并回答）是。

老师：把它给剪断。（说着，把手中的绳子剪断）全部剪断哈。就说这一块我不要了。看好了吗？是不是全部剪断了？

学生：是。

老师：（剪断绳子以后，并说）好了，我下面要吹一口仙气了哈。（说之前，实际上已经对着手吹了一下了）看绳子是不是有变化哈。呼！（对着手吹了一下）大家瞪大眼睛来看一下，（说完，把手中的绳子一点一点地拉开）是不是还是这么长？

学生：是。

老师：是不是我的一扎的长度啊？

学生：是。

老师：看一下啊，我把它折起来。是不是我的一扎的长度啊？

学生：（很多学生都面带微笑地回答）是。

老师：想知道它为什么没短吗？

学生：（齐声大声回答）想。

老师：那好，那我们集中精力上好这一节课，到最后的时候，我要把这个谜底告诉你们，好吧？

学生：好。

老师：前排女生，起立。

（前两排女生听到老师口令起身站立起来）

【课的准备部分】

老师：下面我们要进行这堂课的第一项内容。是什么，一个热身跑活动，是不是啊？

学生：（个别男生回答）是。

老师：要进行一个慢跑，然后，同学们跟我一起来好不好？

学生：好。

老师：向右——转。

（学生听到老师的口令后向右转去）

老师：（迅速跑向队伍最前面，在音乐的伴奏下，老师喊）跑步走。

（师生共同在咚咚咚咚的音乐声中开始了热身慢跑活动）

（老师从队伍的最前面跑向一侧排头左右）

（学生在老师的带领下，进行慢跑热身）

老师：（跑到大约有两分钟的时候，开始发出口令）左转弯，1、2、1；1、2、1。

（学生按照老师的口令变换了方向和脚步）

老师：1、2、1，好，变队跑，分开。（让男女生分开跑）

（学生按照老师的指令，男女生跑着跑着分开到两边去了）

老师：（带着学生跑）好，左转弯，好，带回原来场地，好，立定。女生加速。好，向左转。

（学生按照老师的口令迅速做老师要求的各种动作）

老师：好，同学们，现在跑完操了，是不是身上很热了？

学生：是。

老师：累不累？

学生：不累！

老师：下面我们再进行热身准备活动，准备活动，好吗？

学生：好。

老师：好，下面听口令，立正，女生，向前两步走。好，向后转。

（学生听到口令后向后转）

老师：听口令了，成体操队形散开。

（学生按照老师的要求成体操队形散开了）

老师：好，放下。（音乐响起）双手叉腰，准备。

（学生按照老师的指令做出了双手叉腰的动作）

老师：踏步哈，准备好。调整一下呼吸，把你的呼吸调整均匀，踏步。

（学生按照老师的要求完成了动作）

老师：调整呼吸，把呼吸调整均匀。头部运动，1、2、3、4，5、6、7、8，绕环，2、2、3、4，5、6、7、8。好的，调整一下呼吸。把呼吸调整均匀。

（学生按照老师的口令完成了第一节头部运动）

老师：动起来，好，第二节，肩关节运动，把手臂抬起，摆臂，5、4、3、2、1，准备，1、2、3、4，5、6、7、8；2、2、3、4，5、6、7、8。（不停地转动方向边做示范边带大家一起做）

（学生边观察老师的示范动作边完成动作）

老师：5、4、3、2、1，腰腹运动，准备。1、2、3、4，5、6、7、8；2、2、3、4，5、6、7、8。好，踏步，跳起来。看谁步踏得好，还有一下。胳膊压腿，先左腿。预备，1、2、3、4，5、6、7、8，反方向，2、2、3、4，5、6、7、8。

（学生跟着老师听着音乐完成了各节动作）

老师：双手叉腰。踢腿运动，想好了，先左腿，踏步准备，左右开始。1、2、3，跳起来，2、2、3、4，5、6、7、8；4、2、3、4，5、6、7，好，踏步。(此时的口令喊得有些乱了)

(学生按照老师口令，完成了动作)

老师：好了，调整呼吸，腕踝关节运动。1、2、3、4，5、6、7、8；2、2、3、4，5、6、7、8；3、2、3、4，5、6、7、8；4、2、3、4，5、6、7、8。好，停。(边做边转动方向)

(学生跟着老师的节拍，踏着音乐，原地做腕踝运动)

老师：好了，累不累啊？

学生：不累。

老师：好的，女生向后转。

(女生听到老师的口令后向后转了过去)

老师：向中看齐，同学们快一点。

(全体学生听到老师的口令后向中看齐)

【课的基本部分】

老师：好了，下面我们做一个游戏，游戏的名字呢，叫“送快递”。要求我们在做的时候，双手不能扶你自己的身体，明白了吗？

(有学生点点头)

老师：不能扶你的肚子啊，还有那些东西。嗯，下面啊，去拿我们的道具哈，先把你们的队形调整好，好不好？

学生：好。

老师：每一组有一个小旗杆，小组长带领组员对着小旗杆先站好。对着前面的小旗杆，成体操队形，散开。

(学生听到老师的口令后自动对着小旗杆散开了)

老师：好了，同学们，下面我把“邮件”发给你们，但是要记好，刚才强调的游戏规则，第一项是什么？

学生：手不能扶身子。

老师：对。手不能扶你身上的“邮件”，对不对？

学生：对。

老师：第二项要注意，一定要加快速度，不要让你的“邮件”掉下来，如果掉下来了怎么办啊？

学生：捡起来。

老师：原地捡起来。再把你的“邮件”送到目的地。对不对啊？

学生：对。

老师：来，第一名同学。（把“邮件”递给了第一排的第一名同学）

（学生接过“邮件”放在腹前）

老师：（又走向第二排的排头，并说）第二名同学的。

（第二名同学转头看了看第一名同学，也模仿着把“邮件”放在腹前）

老师：（又去给第三名同学发“邮件”）来，第三名同学。

（第三名同学接过来“邮件”并放好）

老师：（走向第四名同学把“邮件”发给他）来，第四名同学。

（第四名同学接过来“邮件”，并放在腹前）

老师：好了，同学们听好。拿着你们的“邮件”绕过障碍，然后，传给你们的下一位同学。听明白了吗？

学生：听明白了。

老师：好的。听清口令，预备，嘟！

（学生听到口令后每排排头迅速跑出，其中有一个同学的“邮件”在快跑到终点的时候掉到地上了，他迅速返回捡起来后，又返回跑了过去，其他的三名同学在绕过障碍跑回的时候，“邮件”陆续也掉了下来，都分别捡起来继续向前跑）

老师：加快速度。快跑了。

（学生闻讯快速跑，有的学生的“邮件”又一次掉落在地上，第二排的那个女生先跑到了）

老师：大家在跑的时候一定要注意脚下的安全。把腿抬起来，把速度加快。这样才能保证“邮件”安安全全地送到目的地哈。

（学生一个接一个地传递着“邮件”，一个男生在绕障碍的时候，用手扶了扶腹部前面的“邮件”）

老师：看一下，他们为什么老是掉？为什么“邮件”老是从身上掉下来？找一下原因。

（学生继续跑动传递“邮件”，站着等待的学生或许会在老师提出这样的问题以后，提高观察的力度，并能去思考可能的原因）

老师：一会儿会找同学来回答哈。

（学生继续跑着，“邮件”还在掉着）

老师：给他们呐喊一下，加油一下。

学生：加油，加油。（有同学先喊了一声，接着有同学也喊了一声，大家齐声又喊了一声，然后都不再喊了）

老师：看哪个组能够得第一。给他们加油。

（尽管老师又一次说了“给他们加油”，但是没有一个人发出给同伴加油的声音）

老师：加快加快，同学们，加快速度。

（学生听到老师的口令后，有的速度加快了）

老师：速度慢了，你的“邮件”会掉下来的，会掉下来的。

（学生听到老师的口令后，继续跑，有的已经开始加快速度跑了）

老师：同学们加油。

（学生没有迎合老师的加油声给同学们加油，有的同学看自己的“邮件”快掉下来的时候，手不停地去扶一下）

老师：不错，同学们做得很好哈。刚才那个同学做得很好，“邮件”一直没有掉下来。加快加快。好，第一名。第一名，你们胜了。

学生：（第四排男生说）我们第一啊。

老师：好了，给胜利的同学鼓鼓掌，他们是最棒的啊。

（学生听到老师的要求后，都鼓起了掌）

老师：好了，把“邮件”收好，这是你们的战利品。

（学生听到要求后，把“邮件”叠起来放到了衣兜里）

老师：同学们，以我为基准，向左向右看齐。

（学生做了向左向右转的动作）

老师：集合。（同时打出了集合的手势，两手一高一低举起）

（学生迅速集合）

老师：来，向我这边靠拢一点。好，同学们加快一点。

（学生又一次按照老师的要求，完成了动作）

老师：好的，前两排同学请蹲下。

（前两排学生蹲下了）

老师：好了，我们刚做了一个游戏，是不是有点累了？

（学生没有任何回应）

老师：稍微休息一下，我来讲解一下。

（学生按照老师的要求都准备好听老师的讲解了）

老师：刚才，通过刚才那个急速快递，你体会到了什么呢？我找个同学来回答一下。通过刚才那个快递，急速快递，你体会到了什么？来，体育委员来回答一下。

学生：摆臂。

老师：对，跑步，第一要摆臂，对不对啊？

学生：对。

老师：你们已经发现了，刚才你们跑的时候，“邮件”掉下来后，把手臂停下来去捡，跑动速度就降了下来，而且完全要停下来，是不是啊？所以，跑步要摆臂。是不是啊？

学生：是。

老师：第二点是什么？还有哪个同学知道？

（有一个学生举起了手）

老师：好，请你来回答一下。

学生：要抬腿。

老师：对，跑步要抬腿。我们要把腿抬起来，送出去，你这个距离才能缩短一点。是不是？好了。就刚才我们体会到的问题，你自己感受到的，我们来看一下，咱们今天的上课内容——快速跑。明白了吗？

学生：明白了。

老师：重点是什么？

学生：速度。

老师：对，要快。然后要摆臂。

（同时，学生也跟着老师一起说了重点）

老师：两腿要蹬地，是不是啊？两腿要用力来蹬地。来，同学们来看一下，（说着把提示板向学生拉得靠近一点）这是我给你们准备的礼物啊。快速跑的定义，采用自然站立式起跑，快速跑分为什么？起跑——加速跑——途中跑和最后的冲刺。

学生：冲刺。（有个别学生回答出来了）

老师：好，很好，很聪明，和最后的冲刺，这整个合起来才叫快速跑。快速跑起跑后，两脚要用力快速充分蹬地，摆动腿，积极向前摆动，摆动腿，积极向前摆动。（说着做了一次积极向前摆动的示范）胯怎么办？你的髋关节？要前送。

学生：（跟着老师一起说了）前送。

老师：要把胯落在后面，肯定是跑不起来的，对不对啊？然后，两臂以你的肩为轴，前后自然摆臂，对不对？还要放松而有力，上下肢的配合要协调一致，我们这样跑肯定是跑不快的。（说着做了一个一顺跑的姿势）上下肢要协调配合起来。下面我来做一下快速跑，同学们看一下对不对。（说完，老师做了一次示范）两脚开立，对不对？

学生：对。

老师：前后自然摆臂。

学生：（和老师一起说了要领）摆臂。

老师：然后，看到我的摆臂有个什么特点了吗？看出来了吗？

学生：以肩为轴。

老师：对，以肩为轴。然后，上摆至下颚部位，下摆至，看在哪儿，手在你腰间位置。

学生：腰。

老师：对，你腰间位置。这就是我们的一个正确的摆臂动作，简单一句话，前不——

师生：露肘。

老师：后不——

师生：露手。

老师：对，大家都知道。前不露肘，后不露手。然后，利用你的两脚的充分蹬地，两脚前后开立，这么着肯定是跑不起来的。（说着老师两脚并在一起站着）两脚要自然分开，前后站立，然后你的两腿迅速蹬地，然后，迅速向前跑。（说着跑了出去）是不是这样？

学生：是。（有的学生点头，有的学生回答，有的学生边点头边说“是”）

老师：并配合你的摆臂动作，是不是啊？

学生：是。

老师：哎，对。然后。我们看一下啊，重点，这节课的重点是什么？两脚的充分后蹬与积极的摆臂，是不是啊？

学生：是。

老师：难点是什么？

学生：上下肢相互配合，协调用力。

老师：对。你的摆臂和你的腿要完全协调起来，才能使你快速前进，我们上下肢脱节了，速度肯定就起不来了。一定要记住：一，两脚的充分用力蹬地，二，两臂的自然？

学生：摆臂。

老师：对，两臂前后用力摆。好，我们看一下这几幅图画，第一幅图画，你们看到了吗?

学生：看到了。

老师：两腿要干什么？两腿要前后用力快速充分蹬地，是不是这脚蹬直了，蹬直以后要怎么样？有一个折叠。看出来了吗？有一个折叠。然后，进入下一次的蹬地折叠。它是一个——（说着用手转动了一下等待学生回答）

学生：循环。

老师：对，它是循环进行的。两臂要前后自然摆动。然后我们看一下我们运动会的时候，同学们的照片，是不是这样啊？两腿要尽量地抬高，迈出去，看好了，胯是不是送出来了？

学生：对。

老师：然后，后腿要充分后蹬，完全要蹬起来，通过折叠往前放，对不对啊？折叠，前放，这一步出来，你的步幅就——

学生：大了。

老师：摆臂还要注意什么？频率要快，步幅要大。步频、步幅。（老师边说边做了相对应的动作）是不是啊？一定要注意到这两点。

学生：是。

老师：看了我们的定义，还有重点和难点，还有这些动作，你们学会了吗？快速跑该怎么来做？

学生：学会了。（异口同声回答）

老师：好了，我们来试一下，有没有学会，有没有体会到，我们来试一下。来，中间两排同学请起立。

（中间两排学生站立起来）

老师：来，女生向后转。好了，以左边同学为基准，成体操队形散开。

（学生听到要求后迅速成体操队形散开了）

老师：好，左边同学右跨一步，走。

（左边的学生听到老师的要求后向右跨了一步）

老师：好，放下。好了，我们先进行一个原地的练习，明白了吗？体会一下我们刚才所学的摆臂动作。好不好？

学生：好。

老师：来，跟老师一起，两腿前后自然开立，重心落在前脚上，两臂前后自然摆动。(做出了直臂摆动的动作)

(学生模仿老师的动作也都做的是直臂摆动)

老师：1、2、1，1、2、1，1、2、1。换，1、2、1。(喊着摆着换成了曲臂摆动)

(学生跟着老师的摆臂姿势的变化也都换成了曲臂摆动)

老师：1、2、1，1、2、1，1、2、1。好嘞，加快。1、2、1，1、2、1。(说完变成了边击掌边喊口令)

(学生曲臂快速摆动，伴随着老师的节拍摆动着手臂)

老师：1、2、1，1、2、1，1、2、1，1、2、1。

(学生摆臂的时候，有的学生低下头练习摆臂)

老师：(看到有学生低头摆臂，说) 抬起头来，跑步的时候，不需要低头。1、2、1，1、2、1。好，停。

(学生听到老师喊停的声音后就停了下来)

老师：感受到摆臂了吗？

学生：感受到了。

老师：摆臂的时候要注意什么？肘关节不能往外展得太远，是不是啊？这样展了之后就把力量给分解了。(边说，边左右摆臂故意做出肘关节外展的姿势) 肘关节要前后自然运臂，是不是啊？

学生：是。

老师：来，我们再练一次手臂上的动作，好不好？

学生：好。

老师：来，准备。两臂上的动作，两腿自然开立，手臂摆起来。

(学生做好了准备，准备听口令再次练习摆臂)

老师：1、2、1，1、2、1，1、2、1，1、2、1，1、2、1。换，1、2、1。（换成了曲臂摆动）

（学生跟着老师的口令也一起换成了曲臂摆动）

老师：1、2、1，1、2、1。加快，1、2、1，1、2、1。（击掌的同时喊1、2、1的口令）

（学生跟着老师的节拍练习前后摆臂动作）

老师：1、2、1，1、2、1，1、2、1，1、2、1。自己看一下自己的手臂。1、2、1，想一想，前到哪里，前不露肘。

（学生跟着老师的口令和要求低头看一看自己的手臂动作）

老师：后不露手，1、2、1，立定。好，停，然后，再练习什么？是不是该练习一下腿部了？

（没有学生呼应）

老师：（自己继续说）下面该练习一下我们的腿部了。跑步的时候，一定要把腿——

学生：抬高。

老师：对，一定要把腿抬高，抬起来。那么下面我们就要练习一下高抬腿。好不好？

学生：好。

老师：要把腿尽量抬高，要抬起来。然后呢，腹部不能放松。收紧了，这样来做。（说着给学生做了一个高抬腿的示范）好不好？

学生：好。

老师：我们准备试一下，高抬腿，准备。走。1、2、1。

（学生听到老师的口令后开始做起了高抬腿动作）

老师：1、2、1，1、2、1。抬高，收紧腹部。1、2、1，1、2、1。加快、加快、加快。（开始快速击掌，啪啪啪啪，啪啪啪啪，啪啪啪啪，啪啪啪啪，啪啪啪啪，啪啪啪啪，啪啪啪啪）

（学生按照老师的击掌节奏加快了速度）

老师：调整呼吸，加快速度，速度加快，同学们。（啪啪啪啪，啪啪啪啪，啪啪啪啪，啪啪啪啪）好好，加快，加快，加快，加快。（边说，边走进队伍指导）

（学生按照老师的要求加快了高抬腿的速度）

老师：（啪啪啪啪）好的。不错啊，很好。累不累？

学生：累。

老师：好的，我们稍微缓解一下。我们知道了，跑步腿要抬高，还有一个是什么呢？

学生：步幅。

老师：步幅是要腿抬高，还有是什么？

学生：步频。

老师：对，步频要求快，速度要快，是不是啊？我们要通过小步跑来练习这个步频，好不好？

学生：好。

老师：先看老师做一遍，加快，加快，加快。（说着，给同学们做了一个小步跑的示范）好，我们来试一下。好，准备，开始。1、2、1，1、2、1。

（学生听到老师的口令后，开始做小步跑动作练习）

老师：加快，对。（和学生一起做小步跑动作）臂摆起来，自然摆臂。抬起头来，身体别往下压太狠了，同学们。（边说边做了一个身体往下压的错误动作提示学生）抬起来，要把身体抬起来。

（学生按照老师的要求，把身体抬起来了）

老师：对，要把身体抬起来。加快加快。（啪啪啪啪，啪啪啪啪。又开始击掌提示学生加快速度）

（学生听到击掌声后，开始逐渐加快了速度）

老师：跟着老师的节奏来。（啪啪啪啪，啪啪啪啪，啪啪啪啪，啪啪啪啪）好，加快。（又一次提高了声音喊加快）

（学生又一次加快了速度）

老师：（啪啪啪啪，啪啪啪啪，啪啪啪啪）好，不错，很好，停。好了，原地练习得怎么样？是不是有所体会了？下面我们要进行一个行进间的练习，同学们。行进间练习要求我们跑到前面的指定位置，好吧？

学生：好。

老师：第一项练习摆臂，然后高抬腿跑加小步跑，再加速跑，好吧？

学生：好。

老师：第一项，第一排跑完之后从两侧回来，把队站好，好吧？

学生：好。

老师：来，第一排准备，摆臂动作。1、2、1，1、2、1，1、2、1，1、2、1。跑步——走，加快。

（听到老师的口令后第一排学生迅速跑出）

老师：很好，好，第二排同学准备。准备。1、2、1，1、2、1，1、2、1，1、2、1，1、2、1。嘟！（吹响了哨声）

（第二排学生先是原地摆臂5个“1、2、1”，然后，按照老师的口令和口哨跑出了）

老师：好，第三排同学准备。准备，开始。1、2、1，1、2、1，1、2、1，1、2、1。嘟！

（第三排学生原地摆臂4个“1、2、1”后，按照老师的哨声向前跑出）

老师：同学们很积极，很想练习快速跑。好，第四排同学准备，摆臂开始。嘟嘟嘟；嘟嘟嘟；嘟嘟嘟；嘟嘟嘟；嘟——（由口令转向了口哨）

（第四排学生听到哨声后先是原地摆臂，然后听到“嘟——”的一声长哨跑出了）

老师：好了，来来来，第一排同学。下一项高抬腿加快速跑。准备，准备。高抬腿开始。嘟嘟嘟；嘟嘟嘟；嘟嘟嘟；嘟嘟嘟；嘟——

（学生按照老师的指令和口哨练习高抬腿加快速跑）

老师：好的，第二排同学，准备。嘟嘟嘟；嘟嘟嘟；嘟嘟嘟；嘟嘟嘟。腿要抬高一点。嘟嘟嘟；嘟——

（第二排学生也按照老师的指令和口哨向前跑出了）

老师：好的，第三排同学，准备，开始。嘟嘟嘟；嘟嘟嘟；嘟嘟嘟；嘟嘟嘟；嘟——

（第三排学生按照老师的指令和口哨跑出了）

老师：第四排同学，准备，开始。嘟嘟嘟；嘟嘟嘟；嘟嘟嘟；嘟嘟嘟；嘟——

（第四排学生按照老师的指令和口哨也跑出了）

老师：好，请第一排的同学准备，小步跑加加速跑。来，第四排的同学抓紧时间回来。刚才已经通过了两个练习，下面是最后一个练习，就是小步跑加加速跑。刚才的两个练习包括摆臂和步幅的练习，我们要把腿抬高。下面就要进入一个步频的练习。进行步频练习的时候，同时也要注意前面两项，一定要记住手臂要前后用力摆起来，腿要抬高，好不好？

学生：好。

老师：我们进行第三个练习的时候，一定要把前两个练习加上哈。好，第一排同学准备，小步跑开始。嘟嘟嘟；嘟嘟嘟；嘟嘟嘟；嘟嘟嘟；嘟——

（第一排学生听哨声练习，并向前跑出）

老师：第二排同学准备，开始。（这次是拍掌加哨声）嘟嘟嘟；嘟嘟嘟；嘟嘟嘟；嘟嘟嘟；嘟嘟嘟；嘟——

（听到“嘟——”的一声长音，第二排的学生迅速跑出了）

老师：第三排同学准备。嘟嘟嘟；嘟嘟嘟；嘟嘟嘟；嘟嘟嘟；嘟嘟嘟；嘟——

（学生按照老师的指令和口哨练习小步跑加加速跑）

老师：第四排同学准备。嘟嘟嘟；嘟嘟嘟；嘟嘟嘟；嘟嘟嘟；嘟——

（第四排学生听到哨声后练习并向前跑出）

老师：好嘞，各位向前两步——走。（并打出向前走的手势）

（学生听到老师的口令后向前走了几步，回到刚才练习的起点位置）

老师：好，同学们抓紧时间站好，通过刚才的原地练习和行进间的练习，我们是不是又体会到了什么？快速跑的基本动作，是不是大部分同学都掌握了？

学生：是。

老师：对，下面我们进行一个小小的游戏，稍微放松一下，好不好？

学生：好。

老师：我们现在是四排同学，是不是啊？

学生：是。

老师：第一排是红队，第二排是粉队，第三排是黄队，第四排是绿队。听到了吗？

学生：听到啦。

老师：下面在小组长的带领下，去取一下气球，好不好？

学生：好。

老师：来，向右转，跑步走。

（师生共同从刚才站立的场地上跑向游戏场地）

老师：来，从上往下解，每人解一个，同学们。

（学生听到老师的指令后，排着队一个接一个地解拴在柱子上的气球）

老师：把气球解下来后绑在你们的脚腕上，迅速跑到场地上去。

（学生听到老师的口令后完成了任务）

老师：绑到脚腕上。

（学生来到场地上开始绑气球）

老师：好了，同学们，绑到你们的脚腕上，向下绑一点。（然后，走进队伍里观察并指导学生绑气球）

（学生都蹲下去绑气球了）

老师：好的，向下绑一点。绑到你哪只脚上都可以哈。左右脚自己来选择。在我们的气球里面有一个小小的礼物，我看哪一名同学能够把礼物找到。踩破气球之后，有一个小小的礼物，把它捡起来打开看一下。四组同学在规定的时间和范围内去踩其他组同学的气球。不要踩到你们自己组同学的气球了。保护好自己组的成员，好不好？

学生：好！（声音比前面练习时的回答声都显得洪亮得多，说明学生对游戏的兴趣要比快速跑的练习兴趣高得多）

老师：来，站队，都系好了吗？

学生：系好了。

老师：好了，按照我们刚才的队形站好了。来，前后站好，同学们。（走到侧面，看到还有两个学生蹲在地上绑气球）

（学生都回到队伍里面，站好了）

老师：好的，系好了，听明白规则了吗？

学生：听明白了。

老师：踩其他组同学的气球，看它的里面是不是有一个礼物，把它捡起来，老师一会儿要问的，好不好？

学生：好。

老师：规定就在这个圆圈里面，不能出圆圈，好不好？

学生：好。

老师：听到哨音开始。准备，嘟——

学生：（听到老师的哨音后，迅速跑出，开始游戏。游戏非常积极，拼抢踩气球非常激烈，学生完全放开了，活跃起来了。还不时听到气球被踩破的声音）哦，哦，好。（游戏中，还有个别同学发出了叫声）

老师：黄队气球还有很多啊。

（学生继续相互踩踏气球，有些学生弯腰去捡地上的纸条，并打开看上面的内容）

老师：嘟嘟——嘟。（吹响了哨声，准备集合）好了，站队。（老师打出集合站队的手势）好，集合了，同学们，快速把队站好。

（学生听到老师的哨声以后，迅速集合了）

老师：看哪一组同学剩下的气球比较多。来，同学们，把队站好了。抓紧时间把队站好。来，抓紧时间，抓紧时间，快点站好。

（学生按照老师的指令，迅速站在了自己的集合位置上）

老师：哎，同学们，谁找到任务了？

（其中有位同学举起了手）

老师：好，请这位同学讲一讲，请注意听他找到的任务。

学生：一排听信号跑，二排转身跑，三排高抬腿跑，四排小步跑。

老师：第一排什么？

师生：听信号跑。（老师先回答，学生也跟着回答了“听信号跑”）

老师：第二排？

师生：转身跑。（学生先回答，老师再重复一遍）

老师：第三排？

师生：高抬腿跑。（学生先回答，老师又重复一遍）

老师：第四排？

师生：小步跑。（学生先回答，老师也重复一遍）

老师：好的，我们看一下红队的气球现在是最多的，是不是啊？

老师：好的，我们集体给红队放礼花。

（啪啪啪啪，师生一起鼓掌）

老师：把气球踩烂了。

（脚腕拴着气球的学生和临近的同学开始动起来了，有的去踩，有的躲藏）

老师：快快快，踩。礼花都放完了吗？

学生：放完了。

老师：还有谁的礼花没点燃？

学生：（后排有个别学生的气球还没有被踩破，临近的同学马上就开始踩了）哈哈哈哈。

老师：好的。明确了刚才的任务，我们进行一下练习。好的，以中间的那名同学为基准，成体操队形散开。

（学生迅速手拉手成体操队形散开了）

老师：手放下，第一排，听信号跑，是不是啊？好的，听好了。第一排准备好，嘟——

(第一排女生听到老师吹响的信号迅速跑了出去)

老师：好，从两侧回来，第二排，转身跑，转过来，同学们。

(学生听到老师的口令转身向后了)

老师：听准了，往后跑，转身跑。嘟——

(第二排女生听到老师吹响的哨声后，转身向后跑去)

老师：好，第三排同学，什么跑？

学生：高抬腿跑。(第三排同学回答)

老师：对，准备，开始。

(听到准备开始的口令后，第三排学生做起了高抬腿动作)

老师：嘟——

(听到哨声后第三排学生迅速向前跑去)

老师：第四排同学，什么？

学生：(第四排学生回答) 小步跑。

老师：好，准备，开始。

(学生做起了原地小步跑动作)

老师：加快。(同时，加快速度拍掌以表示让学生小步跑的速度加快)

(学生听到老师的口令和掌声节拍以后，迅速加快小步跑的节奏)

老师：嘟——

(第四排学生听到哨声后迅速跑出)

老师：好的，抓紧时间回来，同学们。

(听到要求后所有学生走向老师并准备集合)

老师：好，把队站好。刚才的游戏好玩吗？

学生：好玩。

老师：要求我们怎么样？反应要快，是不是啊？

学生：是。(回答“是”的学生声音不多，也不大)

老师：不仅你不能被别人踩到气球，而且你还要去踩别人的气球，是不是？

学生：是。

老师：要求你反应特别快。就是我们在快速跑中也要怎么样？

学生：反应快。（有少数学生小声说）

老师：也要反应快。准备好之后，听到信号赶快跑出去，是不是啊？

学生：是。（声音不多也不大）

老师：还有什么呀？速度要快，我们不要被别人踩到气球，还要想办法逃离，是不是啊？但我们还要去踩别人的气球，踩到别人的气球后赶快逃离，是不是啊？

（没有学生回答“是”，只是安静地听着老师的讲述）

老师：我们还要把速度加起来。能做到吗？

学生：能。（声音比刚才大多了）

老师：来，进行一下全程的练习。就针对我们刚才练的那几项。高抬腿、小步跑和摆臂。还有我们的听信号跑，转身跑。都是反应类型的练习，我们进行一下全程的练习，体会一下快速跑到底该怎么做。好不好？

学生：好。

老师：来，第一排同学准备，站立式起跑姿势。

（学生以站立式起跑姿势站着，有学生站得对，有学生站成了一顺儿）

老师：来，预备。

（有个别学生抢跑出去了，老师还没有发信号）

老师：不要着急，听信号听准，反应要快。嘟——

（听到哨声后，第一排学生快速跑出了）

老师：第二排同学，准备，反应要快。嘟——

（第二排学生听到老师的哨声后迅速跑出了）

老师：第三排同学，准备，嘟——

（听到哨声后，第三排学生跑出了）

老师：第四排同学，准备，嘟——好的。

（第四排学生听到老师的哨声后跑出了）

老师：好，请同学们抓紧时间回来。好了，来，向中看齐。（举起手集合整队，但没有喊“向前看”）

（学生迅速按口令集合了）

老师：好，前两排同学蹲下。

（听到指令后，前两排学生蹲下了）

老师：好了，经过我们刚才的原地练习、行进间练习和整体练习，我们已经完全学会了快速跑，是不是啊？

学生：是。（声音很小也很少）

老师：快速跑要求怎么样啊？

学生：摆臂。（个别学生在回答）

老师：对，反应快。摆臂，前后自然摆动。

（有个别学生也跟着老师的节奏回答着问题）

老师：前不露——

学生：肘。（声音很大很齐）

老师：后不露——

学生：手。（同样回答的声音较大，说明多数学生都回答了）

老师：摆姿呢？（用右手，比画着左手举起的拳头和下颚处平齐一下）

学生：下颚。（学生回答）

老师：然后，双腿要充分用力——

学生：蹬直。

师生：蹬地。

老师：大腿要——

师生：抬高。

老师：是不是？大腿要抬出来，通过你的送胯动作，把你的步幅折叠，通过大小腿的折叠把步子送出去，是不是啊？

学生：是。

老师：这就是我们的快速跑。整体完全做起来要掌握几点？

（学生不知道如何回答）

老师：四点。

学生：（有个别学生迎合了一下）四点。

老师：一反应，二？

师生：摆臂。

老师：三？

学生：步幅。

老师：四？

学生：步频。

老师：很好，同学们总结得很好。我们把它们很好地整合在一起，就是我们的快速跑。那么，大家学会了快速跑，我们进行一个接力赛。好不好？

学生：好。

老师：胜利的一组同学，我们要为他们唱歌，好不好？

学生：好。

老师：起立，向右——转。

（学生听到老师的口令后，全体向右转去）

老师：好，听好了，同学们，我们绕过前面的障碍杆。我们前面有四个障碍杆。然后，通过击掌，比如我跟第一名同学击了掌之后，其他同学才能走，明白了吗？

学生：明白了。

老师：一个循环接力赛，看哪一组得第一，好不好？

学生：好。（声音很大，也很齐）

老师：你们有信心吗？

学生：有。

老师：好的。很棒。好，每排对一个障碍杆。成体操队形散开。

（学生听到口令后迅速成体操队形散开了）

老师：好，听准老师的信号。好，准备。

（每排的第一名学生做好了准备）

老师：嘟——

（每排第一名学生迅速跑了出去）

老师：同学们请注意，跑的时候摆臂，两臂前后自然摆动。然后，腿呢，要抬高。频率要快。我们一定要注意到这几点，要做到。

学生：（一个接一个地击掌跑了出去）快呀，你快点——（有个别学生提示同伴要快点跑）

老师：注意一下，我们的摆臂，摆臂。好的，哈，女生跑得很棒啊。

（学生还在继续比赛）

老师：动作很好。不要太向前了，同学们。（看到有个别同学太向前了）不要超过我，你们的距离不要超过我。（由于没有划线，有的学生一点一点地往前挪动）来，女生不要超过我哈。

（学生听到老师的要求，调整了一下）

老师：好的，女生，女生不要超过我。好，加快加快，摆臂要快。速度要快，大腿要抬高。脚下的频率要快，我们要做到快频率，同学们。哎，很好。

学生：加快点儿，加快点，加油加油。加油，加油，加油。（个别男生有不文明的语言发出）

老师：（音乐响起）下面咱们给男生组第一名鼓鼓掌。

师生：哗哗哗哗哗哗。（师生共同为第一名的男生组鼓掌了）

老师：女生哪一组第一啊？

学生：（第一的女生组集体举起了手，其他女生指出了获得第一的组）

老师：很好啊，这一组女生第一啊，我们给她们鼓鼓掌。

师生：哗哗哗哗哗哗。

老师：同学们刚才体会到了吗？要有快频率，腿要抬高，步幅要大，步频要快，摆臂要自然用力，是不是啊？

学生：是。

老师：（几乎没等学生回答完，老师接着说）上下肢要协调。这样我们的速度才能提高，对不对呀？

学生：对。

【课的结束部分】

老师：好的。来，听清口令，向左——转。来，向右看齐。

（学生都在动，究竟是向哪里看齐，好像学生没有听太清楚）

老师：向前看，好了，同学们。这节课学习了——

学生：快速跑。（齐声回答）

老师：对，快速跑。重点是什么？

学生：摆臂。

老师：还有什么？

学生：步幅。

老师：还有什么？

学生：步频。

老师：还有呢？

学生：摆动。

老师：还有？

（学生沉默不语，没有回答出来）

老师：两腿？

学生：蹬地。

老师：对，两腿要用力蹬地。然后，摆臂要积极用力，是不是啊？

学生：是。

老师：难点是什么？

（学生没有回答出来）

老师：（做起了摆臂姿势）上下肢要做到——

学生：协调。

老师：对，上下肢要做到协调用力。是不是啊？对，同学们，只要把重点和难点记住，课下我们再进行——

学生：练习。

老师：课下我们再进行练习、巩固，好不好？

学生：好。

老师：好的。那么，下面我们进行放松练习，好不好？

学生：好。

老师：跟着我一起进行放松练习。向右——转。

（学生听到老师的口令转动了方向）

老师：下面第一排排头跟着我，接下来第二排接着前一排的排尾，好吗？走成一个“圆”，好，齐步走。

（学生在音乐的伴奏下，开始走出，慢慢走成了“圆”。并听着《如果感到幸福你就拍拍手》歌曲，边走边拍手）哗哗，哗哗……

老师：加油，对。（音乐，如果感到幸福你就跺跺脚）跺脚。（说着，自己做出了跺脚的姿势）

（学生听着音乐变换着动作，也跟着音乐跺起了脚）

老师：跺跺脚。

（学生跺脚了，咚咚）

老师：跺跺脚（看到提示板有点影响学生行进，就上前把它往一边挪挪）

（学生按照歌曲中的要求，拍手、跺脚）

老师：拍拍肩。

（学生拍了几下肩）

老师：拍拍肩。好的，踏起来，放松，全身放松。

（学生伴随着音乐响声，转圈、做动作）

老师：跺跺脚。

（学生跺脚）

老师：跺跺脚。

（学生在音乐的伴奏下，用力跺脚两次，啪、啪）

老师：好的，立正。向左——转。

（学生们停下来，按照老师的口令执行动作）

老师：好，继续做啊，踏步。

（学生继续跟着音乐做动作，拍手、跺脚、拍肩等）

老师：好嘞，大家跟着一起唱好吗？下面我们给第一名送一首歌，好，跟着一起来一遍，跟着一起唱，我们给刚才接力赛第一名的同学唱一首歌，好吗？一起唱起来。

师生：（一起唱起来了）如果感到幸福你就拍拍手——哗哗。

老师：大声一点。

师生：如果感到幸福你就拍拍手。

老师：大家大声点唱。跺跺脚。

（学生跟着音乐和老师的指令一起跺了跺脚）

师生：如果感到幸福你就跺跺脚。如果感到幸福你就跺跺脚。如果感到幸福你就拍拍肩。（同时，说与做结合）

老师：好，立定。来，以我为基准，集合。来，向里边集合过来就行了。不需要站队了。好了，今天我们的课就到这儿了。通过刚才的练习，咱们同学很努力，是吧？动作做得很好。咱班不愧是很棒的一个班。配合也很好，反应也很快，是不是啊？

学生：是。

老师：大家都在尽力地完成，看有个别同学跑得满头大汗地还在跑，是不是啊？

学生：呵呵呵呵。

老师：今天你们学到了吗？把这个动作学会了吗？

学生：学会了。

老师：好的。我希望下课以后你们加强练习好不好？

学生：好。

老师：好，下课。（同时弯下腰鞠躬与学生再见）

学生：老师再见。

师生：嗨！（一起手搭手，做出了庆祝成功的动作）

3. 快速跑案例评析

快速跑这节课作为一节研究课，按照需要研究的专题进行分析的时候，基于课的特点、亮点和有待改进的环节，我们尝试着可以做如下专题式分析。

（1）课的内容衔接性专题分析

该节课的内容，从开始部分、准备部分，再到基本部分和结束部分，在课的各个部分内容安排上，各部分衔接比较自然流畅，各部分内容与内容之间具有较强的连贯性。如从开始的用绳子变魔术，其目的是集中学生的注意力。到慢跑热身和原地的徒手操，其目的是预热身体，为基本部分安全学习提供保障。再到基本部分开始的时候的一项游戏“送快递”，其目的是让学生先体会快速跑的身体感觉。再做原地和行进间的各种摆臂、高抬腿、小步跑等练习，其目的是让学生明确快速跑的重点是摆臂、步幅、步频、蹬地等，难点是上下肢的协调配合。再然后是完整动作的快速跑，其目的是让学生运用站立式起跑反复体会快速跑技术。并通过接力游戏进一步巩固所学快速跑技术。放松部分在音乐的伴奏下舞动身体，并随着音乐让学生唱起了歌，其目的是让学生的身心得到放松的同时，把歌声送给在接力比赛中获胜的组，以示鼓励。可以说，内容的安排比较巧妙，衔接自然。

但从内容的实施过程来看，也有些小遗憾。一方面是是否需要进一步明确快速跑四个技术环节（起跑、起跑后的加速跑、途中跑、终点冲刺），因为不同环节跑的方法有所不同。如果再能强调一下，学生对快速跑的理解就很有可能会得到进一步强化。另一方面，放松活动内容的安排，选择和着歌声的拍手、跺脚、拍肩，难以达到真正放松的目的，如果能有针对性地进行上下肢的放松或许效果会更明显一些。

（2）组织口令准确性专题分析

体育教学中的口令用得非常频繁且关键，比如组织调动队形、做操、发出练习指令、放松、口头喊节拍等。口令发出要求清晰、准确、完整等。如果不清晰，学生不知道让做什么；如果不准确，有可能出现错误行动；如果不完整，学生做不到位。因此，口令的使用至关重要。该节课上的口令使用也很多。例如，让学生跑步的时候，教师发出了“跑步走”的口令；让学生做徒手操的时候，教师喊出来“1、2、3、4，5、6、7、8；2、2、3、4，5、6、7、8”等节拍；让学生练习摆臂、高抬腿跑、小步跑的时候，教师喊出来“1、2、1；1、2、1；1、2、1”的口令；等等。然而，这节课上的口令多处出现有待改进和提高的地方。其一，出现了不完整的口令，如教师让学生集合的时候，喊了“向中看齐”，却忘了喊“向前看”；其二，有不准确口令，如教师喊“同学们，以我为基准，向左向右看齐”的口令时，表现出的是不够准确；其三，有不统一口令，如教师喊节拍学生做徒手操的时候，有的喊的是2个八拍，有的喊的是4个八拍，还有的喊的是三个八拍，中间漏掉了“3、2、3、4，5、6、7、8”第三个八拍。以上这些只要稍加注意，都能够改进完善。

（3）教学语言精准性专题分析

教学语言在体育教学过程中既有教师的语言，也有学生的语言；既有口头语言，也有肢体语言。这些语言在教学中发挥着重要作用。其中，教师的语言，无论是口头讲解的语言，还是组织练习时提出要求时的语言，或是与学生沟通交流时的语言，都要求任课教师发出精准、正确、简练、文明的语言。在一定程度上，语言是否准确，决定着学生学习的积极性和实效性。因此，教学语言少不得、错不得，教学语言还要带有一定启发性等。该节课上教师的语言很多，各部分都有体现。总体上来讲，基本上达到了要求，但有几处存在语言不太到位现象，有待进一步完善。有的教学语言不够完善。任课教师要求学生在进行快速跑练习的时候说：“上下肢要协调配合起来。”但为什么不继续强调一下什么才算是协调配合呢？有的教学语言不够准确。如教师问学生："两腿要干什么？两腿要前后用力快速充分蹬地。"两腿如何做出蹬地动作？是两脚蹬地而不应该是两腿蹬地。显然，从教学语言的角度来评的话，应该是有不够准确的语言表达。

除此之外，从教师语言的精准度上来看，还有一个不容忽视的问题就是，教师在开始部分变魔术后，学生想知道为什么老师剪断了绳子以后，伸开手看到的教师手中的绳子还是像原来的那么长。教师说"那我们集中精力上好这一节课，到最后的时候，我要把这个谜底告诉你们"，可是，课的结束部分教师并没有把"谜底"揭开。这说明，在教师语言上，承诺了什么，还要能够兑现。从小的方面说，可能不会影响课的效果，但从大的方面说，会影响对学生的诚信教育。

（4）练习密度适宜性专题分析

练习密度大小是衡量一节体育课教学效果的一项重要指标。体育课程性质明确提出，要增强学生体质，增进健康。但假如一节体育课不考虑练习密度的适宜性，或练习密度过小而达不到锻炼的目的，体育课的功能价值就很难得到充分体现。然而，为确保练习密度达到一定的水平，体育课上对练习时间的有效把握起着决定作用。过去，我们要求任课教师在课堂上一定要把握"精讲多练"的原则，也就是说，教师要尽可能地做到精讲，让学生能够有更多的练习时间。实际上，除此之外，还有一种情况也不容忽视，有时教师在课堂上做到了精讲，但是练习密度依然不高。这种情况其根源何在呢？一方面有可能是组织学生练习的时候，组别分得太大。如 40 个学生分成 4 组，10 人一组，那么，就有可能出现 4 个学生练习，36 个学生在等待的情况，该节课上也有类似的情况。假如我们能够把 4 人同时在练调整为 10 人同时在练，那么就减小到了 30 人在等。另外，我们还可以考虑，假如在练习的时候每排学生的间隔距离再拉大 2 ~ 3 倍的话，学生就几乎可以同时练习了。40 个人同时集体练习就避免了学生的长时间等待。还有一个环节就是准备组织学生做游戏，让学生去取事先系在标志杆上面的气球，在这个环节，学生排着队等待着一个接一个地解下气球再拴在自己的脚腕上，用时较长，也在一定程度上不利于练习密度的把握。

以上是几个重点需要研究的方面。除此之外，从“五会”，即会说、会做、会用、会学、会做人这些方面来分析，这节课比较注重让学生“会说”和“会做”。这对于一节新授课而言，总体上来讲，抓得还比较准确，而且多次反复地用启发引导的方式，让学生能够说出所学快速跑技术动作的方法和重点、难点。用让学生谈感受的方式，说出快跑运动时的身体感觉。在会做方面的把握上，通过各种形式的快速跑辅助练习，如原地的摆臂、高抬腿跑、小步跑，行进间的摆臂加上加速跑、高抬腿加上加速跑、小步跑加上加速跑等方式的练习，让学生多次练习巩固快速跑的动作方法。直到学生会说、会做快速跑技术动作。同时，这也说明本节课是围绕重点、难点而学而练，而且还可以用“以赛代练”的方式激发了学生的运动兴趣。下面对如何从研究专题评研究课做一个简单的归纳。

评课案例评析：研究课

研究课堂不常见， 教研活动才呈现；
评课关键不能混， 问题多少看标准；
评析此课重研究， 专题分析放在首；
正反方向均可行， 剖析问题方法明；
快速跑课选得好， 任课教师献功劳；
提供研究意义大， 抓住关键不落下；
优点突出在连贯， 教学语言有遗憾；
口语精简有空间， 提高密度不走偏。